Max Dudler   Bauten für die Energie   Energy Buildings   **Bewag** | **Vattenfall**

Gestaltung und Satz I Layout and typesetting   Claudia Maag
Übersetzung I Translation   John Southard
Lektorat I Text editing   Christoph Gardian
Litho und Druck I Litho and printing   Heer Druck AG, Sulgen
Bindearbeit I Binding   Buchbinderei Burkhardt, Mönchaltorf-Zürich

 © 2007 by Verlag Niggli AG, Sulgen | Zürich
ISBN 978-3-7212-0615-9

Max Dudler   Bauten für die Energie   Energy Buildings
Bewag | Vattenfall

6	7
Von Bewag zu Vattenfall	**From Bewag to Vattenfall**
Hans Achim Grube	Hans Achim Grube
14	15
Die Logik der Kontinuität und des Ortes	**The Logic of Continuity and of Location**
Andrea Gleiniger	Andrea Gleiniger
30	30
Projekte	**Projects**
82	83
Projektdaten	**Project Data**
84	84
Bildnachweis	**Credits**

Von Bewag zu Vattenfall

Hans Achim Grube ist Geschäftsführer bei
Vattenfall Europe Immobilienmanagement GmbH

Ehemaliges Verwaltungsgebäude am Gendarmenmarkt
vor dem ersten öffentlichen Kraftwerk
Former aministration building at the Gendarmenmakt in
front of Germany's first official power plant

Die Vattenfall Europe AG ist der drittgrößte Energieerzeuger in Deutschland und wurde seit 2002 aus den Quellunternehmen HEW (Hamburg), Bewag (Berlin), VEAG (Berlin) und Laubag (Senftenberg) weiterentwickelt. Vattenfall Europe gehört zur schwedischen Vattenfall-Gruppe, die sich auch heute noch in Staatsbesitz befindet.

Die Energieversorger in Deutschland befanden sich bis zum Zeitpunkt der Liberalisierung des Strommarktes 1997 in ihren jeweiligen Regionen in einer nahezu unangefochtenen Monopolstellung, was sich häufig auch in der Selbstdarstellung des Unternehmens äußerte: Insbesondere die Großkraftwerke, aber auch die Verwaltungsgebäude strahlten weithin sichtbar selbstbewusstes Auftreten aus.

Diese spannende Entwicklung hatte in Deutschland 1884 in Berlin begonnen. Emil Rathenau hatte von Thomas Alva Edison bereits 1881 die Edison-Patente für Deutschland erworben und gründete 1884 mit Oskar von Miller eine Vorgängergesellschaft der späteren Bewag. Der erste deutsche Kraftwerksstandort lag am heutigen Gendarmenmarkt in Berlin. An genau dieser Stelle errichtete 110 Jahre später Max Dudler sein zweites Gebäude für den Energieversorger Bewag, heute Vattenfall Europe Berlin AG & Co. KG. Die Unternehmensgeschichte lässt sich im Wesentlichen auf folgende Hauptphasen verdichten:

1884–1890		Gründungsjahre
1900–1914		Erste Wachstumsphase
1914–1920		Erste Konsolidierungsphase
1920–1933		Zweite Wachstumsphase
1933–1945		Zweite Konsolidierungsphase
1945–1960		Zusammenbruch und Wiederaufbau
1970–1990		Dritte Konsolidierungsphase und Modernisierung
1990–1997		Wiedervereinigung und Aufbau Ost
1997–2002		Marktliberalisierung, vierte Konsolidierungsphase und Kostensenkung
2003–2006		Marktentwicklung und Regulierung
2007		Zunehmende Politisierung?

Jede dieser Phasen hatte ihre besondere Ausprägung in der Bautätigkeit oder eben in der nicht ausgeübten Bautätigkeit. Auf Wachstumsphasen folgten Konsolidierungsphasen, die Kosteneinsparungen und damit eine deutlich reduzierte Bautätigkeit nach sich zogen. Der anfänglich durch einzelne Unterneh-

From Bewag to Vattenfall

Hans Achim Grube is Managing Director of
Vattenfall Europe Immobilienmanagement GmbH

Heizkraftwerk Charlottenburg
Cogeneration plant Charlottenburg
Heizkraftwerk Charlottenburg, Maschinenhalle
Cogeneration plant Charlottenburg, machine room

Vattenfall Europe AG, the third-largest energy producer in Germany, was created through the merger of HEW (Hamburg), Bewag (Berlin), VEAG (Berlin) and Laubag (Senftenberg). Vattenfall Europe is a subsidiary of the Swedish Vattenfall Group, a state-owned enterprise.

Before the electricity market was liberalized in 1997, energy providers in Germany held virtually unrivalled monopolies in their respective regions, a fact that was often expressed in the image projected by these companies. Power plants, in particular, but also corporate administrative buildings stood out prominently as symbols of strength and self-assurance.

This exciting era of growth and development began in Germany in Berlin in 1884. Emil Rathenau purchased the Edison patents for Germany from Thomas Alva Edison in 1881 and founded the predecessor to the later Bewag with Oskar von Miller in 1884. The first German power plant was built at the present Gendarmenmarkt in Berlin. And at precisely the same spot, Max Dudler erected his second building for the Bewag energy company, now Vattenfall Europe Berlin AG & Co. KG, 110 years later. The history of the company has encompassed the following important phases:

1884–1890	|	Founding and early development
1900–1914	|	First growth phase
1914–1920	|	First consolidation phase
1920–1933	|	Second growth phase
1933–1945	|	Second consolidation phase
1945–1960	|	Collapse and reconstruction
1970–1990	|	Third consolidation phase and modernization
1990–1997	|	Reunification and rebuilding in the East
1997–2002	|	Market deregulation, fourth consolidation phase and cost-cutting
2003–2006	|	Market development and regulation
2007	|	Increasing politicization?

Each of these phases was unique with respect to building activity or the absence of such activity. Growth phases were followed by periods of consolidation, which involved cost-reduction measures and thus markedly reduced building activity. The successful course initially developed and pursued by individual entrepreneurs was later adopted by corporate organs and articulated in collective decisions.

Abspannwerk Humboldt, Eingang von der Sonnenburger Straße, im Hof das Wartengebäude
Step-down transformer station Humboldt, entrance at Sonnenburger Straße, with watch house in the courtyard

merpersönlichkeiten verfolgte und entwickelte Erfolgskurs wurde später von Gremien und damit durch Kollektiventscheidungen weitergeführt.

Max Dudler realisierte 1989 im damaligen Büro Dudler, Dudler, Wellbergen für die Bewag ein Umspannwerk am Lützowplatz. Zeitlich fiel dieses Bauprojekt in das Ende der dritten Konsolidierungs- und Modernisierungsphase von 1970 bis 1990, die vor allem durch Standardisierung geprägt war. Im Stromverteilnetz war ein Umspannwerkstypus entwickelt worden, der als «Norm-Umspannwerk», wo immer möglich, eingesetzt wurde. Je nach Erfordernissen der Umgebung wurde die Stahlbetonkonstruktion gegebenenfalls mit einer Klinkervormauerung oder Metallfassade verkleidet.

Das Umspannwerk am Lützowplatz war ein Projekt der Internationalen Bauausstellung (IBA) 1984. Das technische Gebäude sollte platzsparend in eine Blockrekonstruktion eingepasst werden, was dazu führte, dass die eigentlich von der Bewag erwünschte ebenerdige Anordnung der Transformatoren und Schaltanlagen in übereinandergestapelter Weise erfolgte. Das standardisierte Norm-Umspannwerk konnte nicht zum Einsatz kommen. Und es hätte auch nicht den gehobenen Gestaltungsansprüchen der IBA-Verantwortlichen entsprochen. Dudler entwickelte ein Umspannwerk, das sowohl den hohen technischen Anforderungen des Netzbetreibers als auch den Architekturansprüchen entsprach. Die gegliederte Stahl-Backstein-Fassade lässt die technische Nutzung ablesbar werden und stellt eine begrüßenswerte und erstaunliche Weiterentwicklung der spektakulären Backstein-Umspannwerke Hans Heinrich Müllers aus den 1920er-Jahren dar.

Nach der Wiedervereinigung Deutschlands hatte sich die damalige Bewag stark dafür eingesetzt, am historischen Gründungsstandort des Unternehmens in Berlin-Mitte wieder präsent zu sein. Das prominente Grundstück am Gendarmenmarkt wurde über ein Investitionsvorrangverfahren erworben, um ein Bürohaus zu errichten. Gemäß den Forderungen des Senatsbaudirektors Dr. Stimmann wurde allerdings nicht ein reines Bürogebäude geplant, sondern es wurden im Erdgeschoss Ladenflächen, in den fünf Obergeschossen Büroflächen und in den beiden Staffelgeschossen Wohnungen geschaffen. Die verschraubte Natursteinfassade erinnert an die historische Nutzung als erster öffentlicher Kraftwerksstandort in Deutschland. Herausragend in ihrer Gliederung und Ausführung ist auch die aufwendige Hoffassade aus Glasplatten in einem ähnlichen Raster wie die Platzfassade.

Der Bauherr Bewag realisierte an diesem Standort abweichend von der bisherigen Strategie eine Immobilie, die nicht unmittelbar betrieblich notwendig war. Dennoch sollte mit diesem Projekt ein nachhaltiges Bekenntnis zum Standort und zu Berlin abgelegt werden. Im Verlaufe des Projektes wurde erfreulicherweise die Entscheidung getroffen, mindestens eine Etage des Gebäudes für Firmenzwecke zu nutzen. Auch die Gestaltung dieser Etage bis hin zu den Entwürfen der Möbel erfolgte im Wesentlichen durch Max Dudler.

Im Zuge der Bildung der Vattenfall Europe AG wurde in Cottbus ein neues Bürogebäude für die Verwaltungsbereiche zweier wesentlicher Unternehmensteile der Gruppe VEAG und Laubag (heute Vattenfall Europe Mining und Generation) in Cottbus benötigt. Das Unternehmen initiierte einen eingeladenen Wettbewerb, an dem u. a. das Büro Dudler beteiligt wurde. Dudlers Entwurf sah eine äußerst kompakte Gebäudefigur vor, die, wie vom Auslober gefordert, ein Hochhaus umfasste. Er wurde in die engere Wahl für eine mögliche Realisierung aufgenommen. Tatsächlich wurde ein aus der Region stammender Entwurf einer Studentengruppe um Professor Sommer realisiert, da aus der Unternehmenstradition heraus erstens ein starkes regionales Profil gewünscht war und zweitens eine permanente Anpassungsfähigkeit an sich ändernde Unternehmensforderungen mit diesem Entwurf besser umsetzbar schien. Das von Vattenfall realisierte Gebäude hat einen wesentlichen Beitrag zur Entwicklung in diesem Stadtteil von Cottbus geleistet. Auch hat Vattenfall damit sein Bekenntnis zur Region Lausitz untermauert, entgegen auch firmeninternen Bestrebungen zu einer Zentralisierung in Berlin.

Das interessante, 4200 Qadratmeter große Grundstück an der Zimmerstraße, für das eine Bebauung mit Wohn- und Geschäftshäusern vorgesehen ist, liegt direkt an der einstigen Grenze zwischen Ost- und Westberlin, am ehemaligen Mauerstreifen südlich des bekannten ehemaligen Abspannwerkes E-Werk, das 1926 vom Bewag-Architekten Hans Heinrich Müller errichtet worden war. Wesentliche Teile des Grundstücks sind erst 1998 durch einen Grundstückstausch zwischen der Bewag und der Bun-

In 1989, Max Dudler, then of Dudler, Dudler, Wellbergen, realized a transformer substation at Lützowplatz. This project was carried out during the third consolidation and modernization phase between 1970 and 1990, which was characterized above all by efforts toward standardization. A specific type of transformer substation developed for the electrical power network was to be used as a "standard substation" wherever possible. Depending upon the specific requirements of a given location, the reinforced concrete structure was given a facing façade of brick or metal.

The transformer substation at Lützowplatz was a project carried out in conjunction with the Internationale Bauausstellung (International Building Exposition, IBA) of 1984. The technical building was to be incorporated into a reconstructed city block complex, which meant that the ground-level arrangement of transformers and switching equipment originally conceived by Bewag was forced to give way to a stacked construction. The standardized transformer substation could not be used in this situation and would not have met the design requirements of IBA officials. Dudler developed a substation that not only met the demanding technical requirements of the utility operator but also conformed to architectural requirements. The articulated steel-brick façade identifies the structure as a technical facility and represents a welcome and astonishing advanced development of the brick transformer substations built by Hans Heinrich Müller during the 1920s.

Following the reunification of Germany, the former Bewag committed itself to re-establishing a presence at the original site at which the company had been founded in the centre of Berlin. The prominent lot was purchased through an investment priority process as the site for an office building. In keeping with requirements imposed by Senate Building Director Dr. Stimmann, however, the structure was not realized as a pure office building but instead designed to accommodate shops on the ground floor, offices on the five upper floors and flats on the two recessed storeys. The bolted natural stone façade recalls the former use of the site as the first public power plant location in Germany. Another outstanding feature of its configuration and design is the complex courtyard façade composed of glass panes arranged in a grid pattern similar to that of the façade facing the square.

In a departure from its accustomed strategy, client Bewag realized a building at this site that was not actually needed for operational purposes. The project was meant to symbolize Bewag's commit-

desrepublik Deutschland in Unternehmensbesitz gelangt. Danach war aber relativ schnell klar, dass die Liegenschaft nicht für strategische Neubauprojekte, für Projekte der Energieerzeugung oder Energieverteilung gebraucht würde.

Durch den nach der vollständigen Privatisierung der Bewag im Jahr 1997 entstandenen Kostensenkungs- und Ertragssteigerungsdruck wurden auch bauliche Investitionen in nicht betriebsnotwendige Projekte, insbesondere Immobilien, unter kaum zu erfüllenden Renditeerwartungen gestellt. Dennoch entschied sich die Bewag im Jahr 2000, für das Grundstück Zimmerstraße eine Machbarkeitsstudie zur Bebauung in Auftrag zu geben, um so den Immobilienwert zu steigern.

Max Dudler entwickelte zwei Bebauungskonzepte. Die vom Grundstückseigentümer bevorzugte Variante sieht die Aufnahme der baulichen Höhenentwicklung des benachbarten E-Werkes vor, mit drei aus der ansonsten fünf- bis siebengeschossigen Bebauung herausragenden zehngeschossigen Türmen. Der vom Bezirk vorangetriebene Bebauungsplan sieht für die Liegenschaft einen auch für Berlin-Mitte ungewöhnlich hohen Anteil von 40 Prozent Wohnfläche vor. Aus Grundstückseigentümersicht muss leider festgestellt werden, dass diese Nutzungsvorstellungen, die teilweise zum Nutzungsdiktat werden, in der tatsächlichen Immobilienmarktentwicklung Berlins in den letzten Jahren nicht umsetzbar waren.

Nach der erfolgreichen Umnutzung des E-Werks, die auf einer Projektentwicklung der Bewag und den Planungen von Kahlfeldt Architekten beruhte, soll mit der Realisierung des Projektes Zimmerstraße ein weiterer wesentlicher Baustein zur Belebung des sogenannten Postblockes erfolgen. Auch hier möchte der aus der Bewag hervorgegangene Eigentümer Vattenfall Europe, basierend auf den mit Max Dudler entwickelten Plänen, mit potenziellen Investoren und Nutzern die Umsetzung forcieren.

Das Abspannwerk Wilhelmsruh ist eines von 15 Großabspannwerken, die zwischen 1925 und 1930 vom damaligen Chefarchitekten der Bewag, Hans Heinrich Müller, entworfen und gebaut wurden. Professor Dr. Paul Kahlfeldt hat seit 1984 intensiv an der Erforschung des Werkes Müllers gearbeitet und zahlreiche Veröffentlichungen zu dessen Werk herausgebracht.

Aufgrund der Weiterentwicklung der Netztechnik ist diese gesamte Generation von Abspannwerken in den 1980er- und frühen 1990er-Jahren außer Betrieb genommen worden. Damit

ment to the location and to Berlin. As the project progressed, corporate management decided to use at least one floor of the building for company purposes. This floor, including much of the furniture, was designed for the most part by Max Dudler, too.

In the course of the merger that formed Vattenfall Europe AG, the need arose for a new office building for the administrative departments of two major divisions of the organization, the VEAG Group and Laubag (now Vattenfall Europe Mining and Generation) in Cottbus. The company initiated an invitational competition, and the Dudler firm was one of the participants. Dudler proposed an extremely compact building figure that encompassed a high-rise in conformity with the client's requirements. His design was shortlisted as a possible candidate for the eventual commission. Ultimately, a design submitted by a local group of students associated with Professor Sommer was chosen for realization. There were two reasons for this selection: first of all, a strong regional profile was desired in keeping with corporate tradition; secondly, the jury felt that this design offered greater potential for continuous adaptation to the changing needs of the company. The building realized by Vattenfall made a significant contribution to urban development in this part of Cottbus. And it also underscored Vattenfall's commitment to the Lausitz region despite efforts within the organization to promote centralization in Berlin.

The interesting 4200-square-metre lot on Zimmerstraße, chosen as building site for a new office and residential building ensemble, lies directly along the former border between East and West Berlin, at the strip once cleared for the wall south of the familiar former "E-Werk" step-down transformer station built by Bewag architect Hans Heinrich Müller in 1926. A large part of the property was not acquired by the company until 1998, when Bewag and the Federal Republic agreed on an exchange of properties. Soon thereafter it became evident, however, that the property would not be used for strategic new building, energy production or energy distribution projects.

In response to pressure to cut costs and increase earnings following the complete privatization of Bewag in 1997, investments in non-operational projects, most notably real estate, were subject to unrealistic profit expectations. Yet in 2000, Bewag decided to commission a feasibility study for a building on the Zimmerstraße lot in order to raise the value of the property.

Max Dudler developed two building concepts. The variant preferred by the property owner called for incorporation of the elevation of the neighbouring "E-Werk", with three ten-storey towers that rise above the other five- to seven-storey buildings. The building plan for the property promoted by district authorities called for forty-percent residential occupancy, an unusually high proportion even for Berlin-Mitte. Unfortunately, from the viewpoint of the property-owner, it has not been possible to realize this usage concept, which has become a usage mandate in part, within the context of developments in the real-estate market in Berlin over the past several years.

Following successful conversion of the "E-Werk" based on a project developed by the Bewag and plans drafted by Kahlfeldt Architekten, yet another essential contribution to renewal of the so-called Post Block was to follow – the Zimmerstraße project. Here as well, owner Vattenfall Europe, as the successor to Bewag, wants to promote realization on the basis of plans developed by Max Dudler with the support of potential investors and occupants.

The Wilhelmsruh step-down transformer station is one of 15 large step-down transformer stations that were designed and built by Hans Heinrich Müller, Chief Architect at Bewag at the time, between 1925 and 1930. Professor Dr. Paul Kahlfeldt has been engaged in intensive research on Müller's architectural oeuvre since 1984 and has authored numerous publications on the subject.

Due to advances in power grid technology, this entire generation of step-down transformers built in the 1980s and early 1990s has been decommissioned. Consequently, these imposing energy distribution buildings became operationally superfluous objects for Bewag. Until they could be converted for other use or sold, they generated substantial costs which were not confined to current upkeep alone. For this and other reasons, the former Bewag prepared a detailed inventory in consultation with the Berlin State Monument Preservation authority after 1998. On the basis of this inventory, conversion plans for the now vacant building complexes were developed by several different planners, most notably Kahlfeldt Architekten. Bewag has now sold eight of these step-down transformer stations with considerable financial gain, and the investors in turn have realized a number of projects that show strong promise for the future.

Vattenfall now plans to convert the decommissioned Wilhelmsruh step-down transformer station, which is also a protected historical

Abspannwerk Buchhändlerhof, Mauerstraße, Berlin-Mitte, 1918.
Ansicht des Wartengebäudes von der Wilhelmstraße
Step-down transformer station, Mauerstraße, Berlin-Mitte, 1918.
View of the watch house from Wilhelmstraße

Abspannwerk Scharnhorst, Sellerstraße, Ansicht von Westen
Step-down transformer station Scharnhorst, Sellerstraße, view from the west

wurden die beeindruckenden Gebäude der Energieverteilung für das Unternehmen Bewag zu nicht mehr betriebsnotwendigen Immobilien, die bis zur tatsächlichen Umnutzung oder Veräußerung nicht nur wegen der laufenden Instandhaltung erhebliche Finanzmittel erforderten. Unter anderem aus diesem Grund hatte die damalige Bewag seit 1998 nach Abstimmung mit dem Landesdenkmalamt Berlin eine detaillierte Bestandsaufnahme der zu erhaltenden Abspannwerke erarbeitet. Auf dieser Basis wurden vor allem vom Büro Kahlfeldt Architekten, aber auch von anderen Planern für die nunmehr leer stehenden Gebäudekomplexe Umnutzungspläne erarbeitet. Mit großem wirtschaftlichem Erfolg hat die Bewag inzwischen acht dieser Abspannwerke veräußert, und die Investoren haben wiederum zukunftsfähige Projekte realisiert.

Für das ebenfalls denkmalgeschützte und seit 1994 stillgelegte Abspannwerk Wilhelmsruh plant Vattenfall nun die Umnutzung für ein Tochterunternehmen, den IT-Dienstleister Vattenfall Europe Information Services. 2004 hat der Immobilienbereich der Vattenfall Europe AG ein Gutachterverfahren in Auftrag gegeben, in welchem Kahlfeldt Architekten, Jan Kleihues und Max Dudler aufgefordert wurden, Konzeptstudien für die Umnutzung für die IT-Gesellschaft zu erarbeiten. Ein Gremium des Auslobers unter Einbeziehung der Geschäftsführung der Vattenfall Europe Information Services entschied sich für die Planungen von Max Dudler.

Der Entwurf sieht sensible Eingriffe in den Bestand vor, vor allem die notwendige Schaffung von zusätzlichen Fenstern in bisher geschlossenen Wandbereichen. Die prägnante Phasenschieberhalle soll als multifunktionaler Veranstaltungs- und Besprechungsbereich genutzt werden. Das ovale Wartengebäude im Innenhof wird für das Betriebsrestaurant und weitere Serviceflächen genutzt. Für die etwa 400 Mitarbeiter werden unterschiedliche Arbeitsplätze von Einzelbüros über Gruppenbüros bis hin zu modernem *desk sharing* geplant.

Das derzeit favorisierte Finanzierungsmodell für die wirtschaftliche Umsetzung des Projektes ist ein bereits erprobtes Modell des Verkaufens und Rückmietens der Immobilie. Dieses ermöglicht einen positiven Kapitalfluss zu Beginn des Projektes durch den Verkaufserlös und garantiert für die Laufzeit des Vertrages marktgerechte Mieten. Das mögliche Investitionsrisiko für Baukostensteigerungen liegt beim Investor. So wird auch eine unnötige Eigenkapitalbindung vermieden, da der Investor Vattenfall Europe grundsätzlich nur in tatsächlich betriebsnotwendige Projekte investiert, wozu der Bau einer Büroimmobilie nicht gehört. Dennoch wird durch das von Vattenfall Europe entwickelte Modell eine erhebliche Wertschöpfung durch Umnutzung bisher leer stehender und nur bedingt verkaufbarer Immobilien erreicht.

Die vorgestellten Projekte von Max Dudler für den Grundstückseigentümer Vattenfall Europe AG und die Vorgängergesellschaften zeigen eindrucksvoll, dass auch bei einer Deinvestitionsstrategie ein erhebliches zusätzliches Wertschöpfungspotenzial besteht. Gerade in dem Zusammenspiel von Eigentümer und planendem Architekten, der kritischen Diskussion über Nutzungsmöglichkeit, Architektur, gestalterischen Anspruch und wirtschaftliche Bezahlbarkeit wurden und werden Projekte realisiert, die einen wesentlichen Beitrag zur nachhaltigen Umnutzung von denkmalgeschützten Bestandsgebäuden und zur Entwicklung bisher brachliegender Grundstücke liefern.

monument, for use by a subsidiary, the IT service provider Vattenfall Europe Information Services. In 2004 the real estate department of Vattenfall Europe AG commissioned an expert assessment process within the framework of which Kahlfeldt Architekten, Jan Kleihues and Max Dudler were tasked with carrying out concept studies for conversion of the complex for use by the IT company. A jury representing the client and the management of Vattenfall Europe Information Services decided in favour of the plans drafted by Max Dudler.

The design provides for a sensitive approach to the existing structure and above all the necessary placement of additional windows in the currently windowless wall sections. The prominent phase modifier hall is to be used as a multipurpose event and conference area. The oval watch building in the interior courtyard is to accommodate a staff restaurant and additional service space. Different types of workplaces for the 400 employees, from single to open-plan offices to modern desk-sharing offices are planned.

Used with success in other cases, the financing model currently favoured for the project involves the sale of the object and subsequent leasing to the seller. This plan provides for positive capital flow from the proceeds of the sale in the early phase of the project and market-oriented rents for the term of the lease. The potential investment risk associated with rising construction costs will be borne by the investor. In this way, an unnecessary commitment of equity capital can be avoided, as investor Vattenfall Europe invests only in projects actually required in support of operations, a requirement that is not met by an office building construction project. The model developed by Vattenfall Europe will yield considerable financial gain, however, through the conversion of presently vacant buildings which are unlikely to attract buyers.

The projects for property-owner Vattenfall Europe AG and its predecessor companies conceived by Max Dudler offer impressive proof of the substantial additional financial gain that can be achieved through a de-investment strategy. In the interplay of owner and planning architects, and in the critical discussion regarding opportunities for use, architecture, aesthetic principles and financial feasibility, projects have been realized which contribute significantly to the conversion of buildings protected as historical monuments for sustainable new uses and the development of formerly derelict properties.

Die Logik der Kontinuität und des Ortes

Andrea Gleiniger

Wenn man das Bauen als einen kontinuierlichen Prozess versteht, in dem sich These und Antithese dialektisch ergänzen, oder als einen Prozess, an dem die Geschichte ebenso beteiligt ist wie die Antizipation der Geschichte, in der der Anteil der Vergangenheit die gleiche Bedeutung hat wie die Vorwegnahme der Zukunft, dann ist die transformatorische Verwandlung nicht nur das Mittel der Gestaltung, sondern Gegenstand der Gestaltung selbst. Oswald Mathias Ungers[1]

Frankfurt am Main, ein Maimorgen im Jahr 1985. Irgendwann zwischen fünf und sechs Uhr früh. Hinter der aufstrebenden Skyline der Frankfurter Innenstadt arbeitet sich die Sonne hervor. Wir stehen auf der Camberger Brücke, die das Gutleut- mit dem Gallusviertel verbindet wie das Ostend Frankfurter Arbeiter- und Industriequartiere. Unter uns bündeln sich die aus allen Richtungen kommenden Gleise, fädeln sich die Züge in Richtung Hauptbahnhof ein, hinter dessen dreifacher Bogenhalle sich der Tagesbeginn wirkungsvoll in Szene setzt. Leitungen, Masten, Drähte schaffen einen eigenen Raum. Gesäumt sind die Gleise von den üblichen architektonischen Alltäglichkeiten, aber auch von dem ein oder anderen veritablen Industriemonument: Richtung Gallusviertel der schwergewichtige Backsteinkomplex der Adlerwerke (1889–1912), auf der Gutleutseite das Städtische Elektrizitätswerk (1927–1929), das Adolf Meyer, einst langjähriger Mitstreiter von Walter Gropius, als Frankfurter Stadtbaurat in der Ära des legendären Ernst May realisierte.[2] Den Treffpunkt hat Max Dudler vorgeschlagen: Der Ort ist Programm, das Treffen auch eine persönliche Standortbestimmung.[3]

Frankfurt ist ambitioniert, will Großstadt sein – die ehrgeizige Bankenmetropole, die der Skyline von Manhattan mit der ständig wachsenden Hochhaussilhouette von «Mainhattan» werbewirksam Konkurrenz zu machen sich anstrengt und gleichzeitig putzige Fachwerkhäuschen zur «Äppelwoi»-Idylle auf dem Frankfurter Römerberg rekonstruiert. Frankfurt ist aber auch die Stadt des ersten Deutschen Architekturmuseums, das ein Jahr zuvor in der von Ungers umgebauten Villa am Schaumainkai eröffnet worden ist und nur wenig später durch den Umbau der ehemaligen Stempelfabrik in Sachsenhausen gemeinsam mit dem S. Fischer Verlag eine Dependance erhält – diesmal von Max Dudler.

Doch an diesem Maimorgen geht es weniger um die glamourösen Seiten der expandierenden Dienstleistungsmetropole, sondern vielmehr um die poetische Härte ihrer «Hinterhöfe», in denen zwischen aufgelassenen Industriebrachen und -denkmälern die alten Nutzungen sich zu behaupten und die neuen sich überhaupt erst anzusiedeln suchen. An diesem Morgen geht es um das demonstrative Bekenntnis zu einer Urbanität, in der sich Kontraste und Kontinuitäten einer in vielen Facetten oszillierenden Vorstellung von Stadt ausdrücken. Die Wahl des Ortes thematisiert die Ingredienzien und Anknüpfungspunkte eines programmatischen Umgangs mit der Stadt, in dem Industriekultur und Baukultur einen urbanen Tiefenraum eröffnen, aus dessen Traditionen heraus sich das Neue formuliert und gestaltet. Fast 20 Jahre später wird Max Dudler dies etwas umständlich den «im Verlauf der Geschichte entstandenen additiven Kulturraum Stadt»[4] nennen, auf den sich mit seiner Architektur einzulassen und den weiterzubauen sein erklärtes Ziel geworden ist.

Rund ein Jahr nach jenem morgendlichen Stelldichein auf der Frankfurter Brücke hatte Max Dudler Gelegenheit, diesem Spannungsverhältnis in einem ersten Bauwerk einen eigenen, unverwechselbaren Ausdruck zu geben: mit dem Auftrag für ein Umspannwerk der Bewag in Berlin, dessen Realisierung die Gründung des eigenen Büros 1986[5] bestätigte und das 1989 seiner Bestimmung übergeben wurde.

Die Elektrifizierung der Großstadt

Gut 100 Jahre zuvor hatte die Elektrifizierung der Metropolen auch in Berlin begonnen, umfassend Gestalt anzunehmen. Die architektonischen und städtebaulichen Veränderungen, die aus der elektrischen Beleuchtung des öffentlichen und schließlich auch des privaten Raumes hervorgehen, sind kaum zu überschätzen. Doch sind es nicht nur die Maßstäbe und Dispositionen der Architektur, die sich angesichts der neuen Lichtverhältnisse verändern und modernisieren; hinzu tritt die Notwendigkeit, völlig neue Bautypologien zu erfinden, architektonische

The Logic of Continuity and of Location

Andrea Gleiniger

If building is conceived as a continuous process in which thesis and antithesis complement one another in dialectic dialogue, or as a process in which both history and the anticipation of history are involved, and in which contributions of the past are as important as visions of the future, then transformation is not only a tool of design but the object of design itself.

Oswald Mathias Ungers[1]

Frankfurt am Main, May 1985, sometime between five and six o'clock in the morning. The sun has begun to climb behind the rising skyline of downtown Frankfurt. We are standing on the Camberger Brücke, the bridge that connects the Gutleut and Gallus quarters, just as the Ostend district links working-class and industrial quarters of Frankfurt. Railroad tracks from all directions converge beneath us, trains merging into the lines leading to the main railroad station, behind whose triple-arched hall the dawn emerges with splendid effect. Cables, masts and wires create a space of their own. The tracks are lined by the usual everyday architectural structures but also, here and there, by veritable industrial monuments: the massive brick complex of the Adlerwerke (1889–1912) toward the Gallus quarter and, on the Gutleut side, the Städtische Elektrizitätswerke (1927–1929) realized by Adolf Meyer, who was once and for many years a brother-in-arms of Walter Gropius, while serving as Frankfurt's City Building Director during the era of the legendary Ernst May.[2] Our meeting point was suggested by Max Dudler: the location is the programme and the meeting a personal definition of standpoint.[3]

Frankfurt has big plans and wants to establish itself as a major city – the ambitious banking metropolis that is striving to compete with the Manhattan skyline with its constantly rising skyscraper silhouette of "Mainhattan" while rebuilding quaint half-timbered buildings in the spirit of an "applewine idyll" on Frankfurt's Römerberg. But Frankfurt is also the home of the first German Museum of Architecture, which opened the previous year in the villa at the Schaumainkai remodelled by Ungers and was given a second location shared with the S. Fischer Publishing Company somewhat later – in this case by Max Dudler.

But on this morning in May it is less the glamorous sides of this expanding service metropolis that have prompted us to attempt an interview at such a prominent point in the city, but rather the poetic ruggedness of their "rear courtyards", in which old functions seek to assert themselves and new ones to establish a place for themselves amongst derelict industrial lots and monuments. What we are looking for this morning is a demonstrative profession of an urbanity in which contrasts and continuities are expressed in an oscillating, multi-facetted concept of the city. The choice of location addresses the ingredients and points of departure for a programmatic approach to the city in which industrial culture and architectural culture reveal a depth of urban space from the traditions of which the new is articulated and designed. Nearly 20 years later, Max Dudler would refer to this in somewhat complicated terms as "the additive cultural space of the city that has emerged over the course of history".[4] He has since pursued the declared goal of responding to and developing that space with his architecture.

About a year after this morning rendezvous on the bridge in Frankfurt, Max Dudler was given an opportunity to develop his own unique expression of this relationship of tensions in a first architectural project – a transformer substation commissioned by Bewag in Berlin, the realization of which was accompanied by the founding of his own firm in 1986.[5] The complex was turned over to its new occupants in 1989.

Urban Electrification

An extensive programme of urban electrification had begun in Berlin as well over a century before. The magnitude of the architectural and urban development changes that emerged in the wake of the electrical illumination of public and eventually private space can hardly be overestimated. Yet it was not only the scale and disposition of architecture that were modified and modernized in response to the new lighting conditions; completely new building typologies had to be invented as well – architectural vessels for the production, transportation and distribution of energy. Power plants, transformer stations and ultimately the anonymous transformer cabin – energy distribution structures became individual

Das 1928 von Alfred Grenander in der Bastianstraße
in Berlin-Wedding errichtete Umformerwerk
Transformer substation on Bastianstraße, erected in 1928
by Alfred Grenander

Gefäße für die Gewinnung, aber auch für den Transport und die Verteilung der Energie: Kraftwerk, Um- und Abspannwerk und schließlich das anonyme Transformatorenhäuschen – die Bauwerke der Energieverteilung werden zu individuellen Entwurfsaufgaben, die nicht nur funktionale, konstruktive und technische Standards hervorbringen. In ihrer Hochzeit entsteht eine eigenständige Architektur, deren typologischer Eigensinn und formaler Reichtum allerdings erst recht eigentlich entdeckt wird, als neue Technologien die alten Verteilungsmodalitäten zu ersetzen und überflüssig zu machen beginnen und nach neuen Nutzungen dieser nun auch zu Denkmälern der Industriegeschichte gewordenen Bauwerke gesucht werden muss.

Es sind vor allem die 1920er-Jahre, deren einschneidende Modernisierungsprozesse die flächendeckende Elektrifizierung der wachsenden Städte forcieren und damit auch die Notwendigkeit verstärken, die Energieverteilung baulich umzusetzen. Und so wie Adolf Meyer Ende der 1920er-Jahre das Städtische Elektrizitätswerk an den Frankfurter Gleisanlagen errichtet, das uns bei unserem morgendlichen Treffen ins Blickfeld geraten war, ist es in Berlin Hans Heinrich Müller, der als ehemaliger Stadtbaurat von Steglitz ab 1924 die architektonischen Geschicke der Berliner Elektrizitätswerke, der Bewag, übernimmt und dort federführend bis 1930 einen ebenso eindrucksvollen wie vielfältigen Katalog von Energie-Bauwerken schafft.[6]

Zur kleinsten städtebaulichen Einheit der Energieverteilung waren die Umspannwerke geworden, die die Stromversorgung der einzelnen Stadtquartiere zu besorgen hatten. Zu diesem Zweck wurden sie nicht selten auch in den Ablauf einer geläufigen Blockrandbebauung integriert, als eine Art Haus also, dessen industrielle Funktion und Eigenart erkennbar sein musste, ohne dass sein Eigenleben allzu viel Aufmerksamkeit erregte. Und dies umso mehr, als zumeist die technische Funktion mit Funktionen der Verwaltung und des Wohnens kombiniert wurden bzw. werden mussten. Ein hervorragendes Beispiel dafür, wie diese Integration aussehen konnte, ist von dem Berliner U-Bahn Architekten Alfred Grenander überliefert, dessen 1928 im Berliner Wedding errichtetes Umformerwerk die Nutzungsanforderungen und Funktionen in prägnante Kubaturen und eine klar strukturierte architektonische Figuration übersetzte und sich gleichzeitig gelassen in den Fassadenablauf des Straßenzuges einfügte.[7]

Diesen einerseits städtebaulichen, andererseits funktionalen Notwendigkeiten war auch Max Dudler ausgesetzt, als er im Kontext der IBA den Auftrag für das Umspannwerk in der Einemstraße erhielt. Das ist nicht weit vom Lützowplatz entfernt, an dessen westlicher Platzkante Ungers gerade ein Stück sozialen Wohnungsbau realisiert hatte, dessen architektonische Figuren jene rationalistische Strenge und geometrische Unerbittlichkeit auf das Wohnen anwendeten, die dem Frankfurter Messehochhaus seine städtebauliche Prägnanz und seinen formalen Eigensinn verliehen hatten. Ebenfalls nicht weit ist das Hotel Esplanade (1986–1988) von Jürgen Sawade, auch er eine der Galionsfiguren des vor allem von Ungers geprägten neuen deutschen Rationalismus der 1980er-Jahre, der sich im Kontext der IBA als ein Amalgam aus historischer Verortung und kritischer Moderne zu profilieren Gelegenheit bekam.

Die Logik des Ortes I

Zwischen Wohn- und Bürohäusern, die neueren meist sieben-, die Altbauten eher fünfgeschossig, ist der blaumetallene Baukörper des Umspannwerks in den Straßenzug der Einemstraße eingelassen. In dem insgesamt unspektakulären Ablauf der Fassaden formuliert der Bau einen kräftigen Akzent. Und das nicht nur, weil seine kompakte Kubatur die Nachbarschaft um gut ein Geschoss überragt. Es ist seine starke formale Präsenz, die Materialität des noch ganz quadratisch aufgeteilten Fassadenmantels aus bläulich schimmernden Metallplatten, die den technisch-industriellen Charakter des Gebäudes signalisiert; vor allem aber ist es das im Rahmen einer Blockrandbebauung eher alltägliche Motiv der Tordurchfahrt, das Dudler hier nicht ohne Pathos in Szene setzt und über seine banale Existenz als Durchfahrt zum Hof erhebt. Indem er das Umspannwerk als Torhaus gestaltet, verarbeitet er auf eigensinnige Weise die gerade gemachten Erfahrungen mit den ikonischen und städtebaulichen Qualitäten des Frankfurter Messeturms von Ungers[8] und verwandelt sie anspielungsreich der spezifischen städtebaulichen Situation in Berlin an. Die Art, wie es ihm gelingt, dem auf so unterschiedliche Weise vermittelten Tor(haus)motiv hier seine eigenständige Deutung zu geben, bringt sinnfällig zum Ausdruck, wie er für sich das Verhältnis von Kontinuität und Transformation ausgelegt hat.

Gegenüber der Straßenseite dominiert der blaumetallene Baukörper des Umspannwerks, in dem die Schaltanlagen unterge-

design tasks which brought forth more than functional, design and technical standards. In their heyday an independent architecture emerged, although its typological unconventionality and formal richness was not truly discovered until new technologies began to replace the old modes of distribution and render them superfluous, and the search began for new uses for these structures that had now become monuments of industrial history.

The pioneering modernization processes of the 1920s drove the full-scale electrification of growing cities and thus increased the need for new architectural forms for the distribution of energy. Just as Adolf Meyer erected the Municipal Electricity Works at the Frankfurt railroad tracks, which we had in view during our morning meeting, Hans Heinrich Müller, the former City Building Commissioner of Steglitz, took charge of the architectural destiny of the Berlin Electrical Works, the Bewag, in 1924 and was responsible for an equally impressive and varied catalogue of energy architectures until 1930.[6]

The smallest units within the energy distribution system in the city were the transformer substations, which were designed to supply power to the individual city districts. For this purpose they were often integrated into the existing standard peripheral block architecture, as a type of house, in other words, whose industrial function and individuality had to be recognizable without attracting excessive attention to its independence. This was all the more true in view of the fact that its technical function was usually combined, necessarily in many cases, with administrative and housing functions. One example of this approach to integration was designed by the Berlin underground architect Alfred Grenander, whose frequency converter erected in Berlin-Wedding in 1928 translated the utilitarian requirements and functions into striking cubic elements and a clearly structured architectural configuration, while incorporating them unobtrusively into the façade line along the street.[7]

Max Dudler was also confronted with these necessities of urban planning and utilitarian function when he received the commission for the transformer station on Einemstraße within the context of the IBA (International Building Exposition). The site is not far from Lützowplatz, along the western edge of which Ungers had only recently realized a social housing project displaying architectural figures which imposed the same rationalistic austerity and merciless geometry on this residential setting that had given the Trade Fair Tower in Frankfurt its striking urban architectural presence

bracht sind. Seine hier noch auf der Grundlage des Quadrats gegliederte Fassade entfaltet bis ins Detail eine feingliedrige Struktur aus Verkleidungs- und Konstruktionselementen, der die Inszenierung des Durchgangs zum Hof eine kräftige und großformatige Geste entgegensetzt. Dieses Tormotiv vereinnahmt die Fassade fast bis zur Traufhöhe der Nachbarbebauung und setzt sich über die oberen, stufenförmig zurückweichenden Geschosse fort, die damit fast den Charakter eines überdimensionalen Türsturzes erhalten. An der Rückseite kommt die Verwendung «einfacher, klar lesbarer Elemente»[9], wie sie Dudler als architektonische Gestaltungsmaximen für sich in Anspruch nimmt, in der Ausdifferenzierung der Baukörper und der Kombination der Materialien noch deutlicher zur Geltung.

Die Logik des Materials I

Doch hier wie dort entwickelt Dudler ein nuancenreiches Spiel der an den Funktionsbereichen orientierten «industriellen» Materialien Metall und Ziegel, ihrer Oberflächenwirkungen und vor allem ihrer Farbigkeit, die in der zwischen blaugrau und rostbraun changierenden Tonigkeit des Backsteins eingefangen wird. Und aus dem Zusammenspiel der Fugen und Profile lässt er dank ihrer sorgfältigen Detaillierung ein nuanciert gegliedertes Oberflächenrelief entstehen, in dem die kleinen quadratischen Fensteröffnung rhythmische Akzente setzen.

Trotz des ausgeprägten Eigensinns seiner architektonischen Formulierungen lässt es Dudler nicht an Gesten fehlen, die das Umspannwerk mit seiner Umgebung verbinden: wenn sich etwa die zur Nachbarschaft überleitende Backsteinwand des Transformatorenhauses annähernd deren Höhe anbequemt oder überhaupt aus den unterschiedlichen Horizontalen eine Art Vexierspiel entsteht, das den Baukörpern zwar keine eindeutige, aber doch eine eigensinnige Einordnung in den städtebaulichen Zusammenhang gibt.

Mit dem Umspannwerk hat Dudler die Ikonografie des Torhauses mit der eines «industriellen Hauses» verbunden, wie sie die durchmischten Strukturen der frühen Großstadt hervorgebracht hatten. Das geschieht nicht ohne Pathos und Anschaulichkeit, aber doch auf eine Weise, die weniger in Bildern als in architektonischen Strukturen denkt. Wie gerade aus dieser Art der Abstraktion ein Vexierspiel funktionaler, technischer und architektonischer Bedeutungsebenen gewonnen werden kann, hatte den jungen Architekt(inn)en der 1970er- und 1980er-Jahre unter anderem Ludwig Leo vorgemacht, der auch auf Max Dudler nicht ohne Einfluss blieb.

Kontinuität und architektonisches Vor-Bild I

Schon bald eine Legende, war Leo anfangs als Assistent bei Ungers an der Technischen Universität und später als Professor für Bauplanung an der Hochschule der Künste in Berlin mit seinen wenigen Bauten zur Galionsfigur eines konsequenten Rationalismus geworden, der sich zwar jeden Schnörkel, aber nicht eine, wenn auch herbe, Poesie verbat. Auch in seinem 1976 fertiggestellten Umlauftank der Schifffahrts- und Wasserversuchsanstalt der TU Berlin am Ufer des Landwehrkanals hatte Leo das Motiv des «industriellen Hauses» heraufbeschworen: In den geradlinigen Anordnungen der mit kleinen quadratischen Fenstern bestückten blauen Laborbox hatte er in ebenso abstrakter wie eigenwilliger Weise den archetypischen Umriss eines «kollektiven Idealbild[es] des Hauses» beschworen, das hier fast trutzig über der gewaltigen Schlaufe der Kanalröhre thront.

Zwischen Max Dudlers erstem und der Fertigstellung seines zweiten Baus für die Bewag vergeht fast ein Jahrzehnt. Berlin ist in dieser Zeit eine andere, eine neue Stadt geworden. Die Bemühungen der IBA um die Reparatur der in mehr als 40 Jahren Teilung von einem teilweise brachialen Nachkriegsfunktionalismus malträtierten Stadt erscheinen im Lichte der Planungsdimensionen, die der Fall der Mauer zur Folge hat, fast wie insuläre Idyllen; dennoch werden ihre wesentlichen Planungsideale in den neuen Maßstab transformiert und zur Grundlage jener «kritischen Rekonstruktion», die das vor allem von Josef Paul Kleihues propagierte Leitbild für die Berliner Stadtplanung der 1990er-Jahre abgibt.

Unter all den großformatigen Planungs-, Bau- und Wiederaufbaugebieten, die die vorerst notdürftig zusammengehefteten Teile der Stadt zu bieten haben, ist der Gendarmenmarkt nicht der unscheinbarste. Anders als der im Mauerstreifen verschwundene Potsdamer Platz, der nun mit beträchtlichen architektonischen Kraftakten aus dem Nichts wiederauferstehen soll, ziert den Gendarmenmarkt ein Ensemble architektonischer Preziosen: das zu DDR-Zeiten wieder aufgebaute Schauspielhaus von Schinkel, das in der effektvollen Symmetrie der ebenfalls wieder aufgebauten beiden Dome besonders zur Geltung kommt. Es hatte lange gedauert, bis damit begonnen wurde, die gewal-

and formal autonomy. Also nearby is the Hotel Esplanade (1986–1988), designed by Jürgen Sawade, another leading exponent of the new German rationalism of the 1980s, a movement that was influenced above all by Ungers and which seized the opportunity to establish itself as an amalgam of historical positioning and critical Modernism within the context of the IBA.

The Logic of Location I

The blue-metallic body of the transformer station is set into Einemstraße amongst residential and office buildings, most of the newer of which have seven storeys, while the older ones have five. In a sequence of façades that is unspectacular on the whole, the building sets a strong accent – not only because its compact cubic shape rises a full storey above the neighbouring structures. It is its strong formal presence, the material character of the façade cladding of shimmering blue metal panels in an entirely square configuration that signals the technical, industrial character of the building. Yet more than anything else it is the rather ordinary motif of the gateway passage which Dudler highlights here, not without a certain pathos, liberating it from its banal existence as a passage. By designing the transformer station as a gatehouse, he processed in his own unique way the experience only recently gained with the iconic and urban architectural qualities of Ungers' Frankfurt Trade Fair Tower,[8] and adapted them with multiple allusions into the specific urban architectural situation in Berlin. The manner in which he succeeded in giving the gate(house) motif, which is expressed in a number of different ways, its own autonomous meaning clearly reflects his interpretation of the relationship between continuity and transformation.

The side facing the street is dominated by the blue-metallic body of the transformer station housing the switching equipment. Configured as an arrangement of squares, its façade exhibits an intricate structure composed of facing and structural elements that is greeted by the design of the passage to the courtyard with a vigorous and expansive gesture. This gate motif covers the façade nearly to the level of the eaves of the neighbouring buildings and progresses over the upper, terraced pattern of the receding storeys, thus imbuing them with something of the character of an oversized door lintel. Even more prominent features on the rear side are "simple, clearly readable elements",[9] of the kind Dudler claims for himself as principle of architectural design, which are used to differentiate the building segments and achieve the desired combination of materials.

The Logic of Material I

Yet both here and there, Dudler developed a richly nuanced interplay between the functionally oriented "industrial" materials metal and brick, their surface effects and above all their colouration, which is captured in the alternating bluish-grey and rust-brown shades of the bricks. And from the carefully elaborated interplay of joints and profiles he created an intricately structured surface relief in which the small, square windows set rhythmic accents.

Despite the extraordinarily individual character of his architectural expressions, Dudler did not fail to include gestures that link the transformer station with its surroundings, as in the brick wall of the transformer building that connects with the neighbouring buildings and nearly reaches their height, for example, or the puzzle-like pattern that emerges from the different horizontals and integrates the buildings in an indefinite, yet distinctive manner into the urban architectural context.

In the transformer station, Dudler blended the iconography of the gatehouse with that of an "industrial building" of the kind engendered by the hybrid structures of early large cities. This was accomplished not without pathos and visual appeal but in a way that expressed a mode of thinking concerned less with pictorial images than with architectural structures. The technique of constructing a labyrinth of functional, technical and architectural levels of meaning from this kind of abstraction was demonstrated to the young architects of the 1970s and 1980s by Ludwig Leo, among others, who was not without influence on Max Dudler.

Continuity and Architectural Models I

Soon a legend in his own right, Leo, initially as Ungers' assistant at the Technische Universität (TU) and later as professor of architectural planning at the Hochschule der Künste in Berlin, had become the leading exponent of a rigorous rationalism which rejected every form of embellishment but accepted a certain architectural poetry, rough though it may have been. Leo had revived the motif of the "industrial house" in his circulation tank for the Shipping and Aquatic Research Institute at the TU Berlin on the banks of the Landwehrkanal, which was completed in 1976. In the rectilinear configuration of the blue laboratory box with its small, square windows, he had, in both an abstract and idiosyncratic way, re-created the archetypal outline of a "collective ideal image of the house" that is enthroned here almost defiantly above the massive loop of the canal pipe.

tigen Lücken, die die Zerstörungen des Zweiten Weltkrieges in die Randbebauung des Gendarmenmarktes gerissen hatten, wieder zu füllen, und dies auch nur langsam und vor allem mit jener historisierenden Plattenbauromantik, die noch heute am Hotel Hilton, dem ehemaligen Dom Hotel, zu besichtigen ist. Für die Protagonisten der «kritischen Rekonstruktion» tun sich nun weitläufige Betätigungsfelder auf.

In der Umgebung von Friedrichstraße und Gendarmenmarkt konnte man nun erleben, wie sich Ungers und Josef Paul Kleihues eine zukünftige Stadt-Architektur vorstellten. Doch während Ungers mit dem Projekt Quartier 205 einen grob strukturierten Architekturbrocken gegenüber dem Deutschen Dom in Stellung brachte, setzte Kleihues mit den Konzepten für die Blöcke 109 und 208 im Kontext der Friedrichstraße auf eine differenziertere Maßstäblichkeit, in der mit Sawade, Dudler, ihm selbst und anderen verschiedene Lesarten der postulierten neuen Berliner Großstadtarchitektur zur Sprache kommen konnten.

Die Logik des Ortes II

Die städtebauliche Situation am Gendarmenmarkt ist demnach um einiges exponierter als in der (Wohn-)Umgebung der Einemstraße. Ist dieser Platz schon als Ganzer von veritabler Geschichtsträchtigkeit, so entstand aus dem direkten Gegenüber zum Deutschen Dom für das neue Geschäftshaus eine besondere zusätzliche Verpflichtung, die wohl mindestens so schwer wog wie der Umstand, dass an derselben Stelle schon 1884 die erste Verwaltungszentrale der Bewag errichtet worden war. Max Dudler war sich dieser vielfältigen Verflechtungen durchaus bewusst. Und so ist der seinerzeit geäußerte Vorwurf, sein Konzept ignoriere diese aus dem geschichtsträchtigen Gegenüber erwachsene Verpflichtung, kaum nachzuvollziehen. Denn wer das Konzept der kritischen Rekonstruktion in seinen abstrakteren Lesarten zu deuten versteht, wird sehr wohl das Beziehungsgefüge erkennen, das zwischen dem Portikus des Domes und der Eingangssituation des Bewag-Hauses ausgelegt ist. Dessen axialsymmetrische Ausrichtung auf den Dom liefert die Grundlage für die Gesamtdisposition von Grundriss- und Fassadenkonzept. Das geschieht in einer Nachbarschaft von Neubauten, die sich um derlei Gesetzmäßigkeiten nicht kümmern. In Analogie zu dem direkt vis-à-vis gelegenen Portikus entwickelt Dudler auf den beiden Mittelachsen ein sowohl horizontal als auch vertikal dreigliedriges Eingangsmotiv, in dessen geometrischer Figur sich das angedeutete Triumphbogenschema des Domportals wiederfindet. Zwar wird diese Betonung der Mittelachse in den darüberliegenden Geschossen nicht zuletzt durch die gleichmäßige Abwicklung der horizontal gewichteten Fenstermotive wieder relativiert. Doch in der Attikazone springen die dort vorgesehenen Wohngeschosse anders als bei den Nachbarbauten nur auf der Breite der jeweiligen Außenachsen abgetreppt zurück, während der Mittelteil lotrecht in die volle Höhe ragt und so die Andeutung eines risalitartigen Abschlusses und dem Dom ein weiteres Gegengewicht gibt.[10] In der flächigen Abwicklung und reduzierten Ikonografie der benachbarten, in den Maßstab der umgebenden Platzrandbebauung eingefügten Geschäftshaus-Architektur setzt diese auf den gegenüberliegenden Dom bezogene Symmetrie einen demonstrativen Akzent und rhythmisiert das eher beiläufige Gefüge im Hinblick auf die baulichen Preziosen, die den Platz beherrschen.

Die Logik des Materials II

Wie die meisten Bauten von Dudler ist auch das Bewag-Haus mit Steinplatten verkleidet, deren glatte und kompakte Materialität die Volumen der Körper herausarbeitet. Doch anders als sonst ist die Befestigung der Platten hier sichtbar gemacht – ein in der Architektur Dudlers ganz unerwartetes Detail.

Schon bei Otto Wagner hatten die «dekorativen Bolzenköpfe»[11], mit denen er die Marmorplatten an der Wiener Postsparkasse und der Kirche am Steinhof befestigt hatte, vor allem die Funktion, das Moderne im Sinne des Technisch-Konstruktiven symbolisch auszudrücken. Als ästhetische Insignien einer zeitgemäßen Großstadtarchitektur hat sie vor allem Josef Paul Kleihues adaptiert – nicht zuletzt in den goldenen Bolzenköpfen seines an der Charlottenstraße (1993–1996) gelegenen Hotelbaus. Mit dem ursprünglichen technischen Charakter sichtbarer Verschraubungen, wie sie die frühen Eisen- und Stahlkonstruktionen zeigten, hatte das schon lange nichts mehr zu tun. Eher mit jener Idee der Bekleidung, wie sie der ursprünglich ja auch von Wagner hoch geschätzte Gottfried Semper propagiert hatte. Auch die sichtbar gestalteten Verschraubungen der Stahlkonstruktion des Umspannwerkes in der Einemstraße oder an der Fassade von Dudlers Metallwarenfabrik in Tempelhof-Schönefeld (1988–1990) stellten eine derartige ästhetisierte Transformation dar, selbst wenn sie hier noch unmittelbar aus der Kons-

Nearly a decade passed between the completion of Max Dudler's first and second building projects for Bewag. Berlin evolved into a new and very different city during those years. In the light of planning dimensions that emerged in the wake of the Fall of the Wall, the efforts of the IBA to promote the repair of the city that had suffered severely under the influence of an often disastrous post-war functionalism over a period of 40 years appear almost idyllically insular; yet their essential planning ideals were transposed into the new scale and formed the basis of the "critical reconstruction" that embodied the guiding image for urban planning in Berlin during the 1990s propagated most notably by Josef Paul Kleihues.

Of all the large-scale planning, building and reconstruction areas offered by the initially hastily patched-together city, the Gendarmenmarkt is by no means the least imposing. Unlike Potsdamer Platz, which had disappeared into the no-man's-land along the Wall and was now to be raised from the ruins through vigorous acts of architectural prowess, the Gendarmenmarkt is adorned by an ensemble of precious edifices: Schinkel's Schauspielhaus, restored during the GDR era, which assumes striking prominence within the effective symmetry of the two similarly reconstructed domes. It had been many years before the first of the massive gaps torn in the peripheral block architecture of the Gendarmenmarkt during the Second World War were filled, and that only very slowly and with the pseudo-historical, neo-romantic slab-construction that is still visible today at the Hotel Hilton, the former Dom Hotel. Broad fields of endeavour now opened up for the exponents of "critical reconstruction".

In the vicinity of Friedrichstraße and the Gendarmenmarkt, people could now begin to see how Ungers and Josef Paul Kleihues imagined a future city architecture. Yet while Ungers positioned a coarsely structured hump of architecture opposite the Deutscher Dom with the Quartier 205 project, Kleihues opted for a more discerning use of scale in Blocks 109 and 208 in the context of Friedrichstraße, one in which Sawade, Dudler, Kleihues himself and others were able to express different variations on the proposed new urban architecture of Berlin.

The Logic of Location II

Accordingly, the urban architectural situation at the Gendarmenmarkt was considerably more distinguished than that of the (residential) environment of Einemstraße. The square as a whole was already steeped in history, and its position opposite the Deutscher Dom imposed a special burden of obligation on the new office building, one that was surely as significant as the fact that the first Bewag administration building had been erected at the same site in 1884. Max Dudler was well aware of these complex relationships. And thus the accusation heard at the time that his concept ignored this obligation imposed by its location facing the Deutscher Dom is difficult to understand. For anyone who is capable of grasping the concept of critical reconstruction in its abstract manifestations will certainly recognize the affinities between the portico of the Dom and the entrance situation of the Bewag building. Its axially symmetrical orientation toward the Dom provides the foundation for the entire ground plan and façade concept. It is embedded in a neighbourhood of new buildings that pay no heed to such laws. In an analogy to the portico positioned directly opposite the entrance, Dudler developed a horizontal and vertical three-part entrance motif along the two middle axes. The triumphal arch scheme of the Dom portal is echoed in its geometric figure. This emphasis on the middle axis is less pronounced in the upper storeys due to the uniform pattern of the horizontally weighted window motifs. But in the parapet zone the residential floors recede in steps, unlike those of the neighbouring buildings, only along the width of the outer axes, while the central segment rises perfectly upright to its full height, thus suggesting a risalit-style crown that provides a counterweight to the Dom.[10] In the surface oriented development and reduced iconography of the neighbouring office buildings incorporated into the scale of the peripheral architecture surrounding the square, this symmetry mirroring the Dom on the other side sets a demonstrative accent and imbues the rather casual configuration with rhythm in view of the precious architectural jewels that dominate the square.

The Logic of Material II

Like most of the structures designed by Dudler, the Bewag building is faced with stone slabs with a smooth, compact material character which emphasize the building volumes. But in a departure from his customary practice, the fastening elements for the slabs are visible – a detail one would not have expected in Dudler's architecture.

Even the "decorative bolt heads"[11] with which Otto Wagner attached the marble plates to the Postsparkasse in Vienna and the Kirche am Steinhof were intended primarily as a symbolic expression of Modernism in its technical, constructive sense. Paul

truktion resultieren. Die demonstrativen Befestigungen der Fassadenplatten des Bewag-Stadthauses stehen vor allem in der Tradition der ästhetischen Transzendierung. Im Kontext der Berliner Architekturentwicklung allerdings gerieten sie etwas zu dekorativ-modisch. Und vielleicht ist dieses Thema bei Max Dudler auch deshalb an anderer Stelle nicht mehr aufgetaucht.

Im Vergleich zu seinen anderen Bauten wird denn auch deutlich, dass es solcher Details nicht bedarf, wenn es darum geht, unsere Aufmerksamkeit auf die besondere Bedeutung zu lenken, die das Verhältnis zwischen konstruktiver Struktur und Fassadenkonzeption für seine architektonische Arbeit bedeutet. Ergiebiger sind deshalb auch andere Bezugspunkte, an denen sich Dudlers Verständnis einer modernen Großstadtarchitektur verankern lässt.

Kontinuität und architektonisches Vor-Bild II

Dass Dudlers architektonische Entwicklung auch auf der Auseinandersetzung mit Max Taut gründet, dessen Bedeutung im architektonischen Gedächtnis Berlins nicht nur durch seine Bauten, sondern auch durch seine Leistungen in der Nachkriegszeit beim Aufbau einer neuen Architekturschule an der Hochschule der Künste präsent ist, daraus hat er keinen Hehl gemacht. Spätestens mit dem Umzug seines Büros in eine Etage des ehemaligen Warenhauses der Konsumgenossenschaft, das Max Taut 1929–1932 am Oranienplatz in Kreuzberg errichtet hatte, ist diese Affinität bekräftigt worden. Mit dem Auftrag für die Rekonstruktion der Aula von Tauts Schulgruppe Lichtenberg (1927–1931) im Jahr 2002 erhielt sie schließlich auch ein konkretes Betätigungsfeld.

Während der Genius Loci am Oranienplatz für die entsprechende Arbeitsatmosphäre sorgt, realisiert sich Taut'scher Geist in Dudlers Bauten immer wieder, wenn es um elementare Dispositionen seines architektonischen Denkens geht. In der ornamentverdrossenen, sachlich-funktionalen Reduktion der Gestaltungselemente, wie sie die Moderne produziert hatte, war es vor allem eine elementare Geometrie, auf die sich die ästhetischen Gestaltungsabsichten von Architekten wie Taut bezogen. Vor allem die Thematisierung der dynamischen Beziehungen zwischen Horizontale und Vertikale, in denen sich die elementarsten Eigenschaften des Bauens manifestieren, setzte gestalterische Energien frei, die sich in den verschiedenen Maßstäblichkeiten entfalten und bis in die Variationen der Fensterformate und ihrer Unterteilun-

Kleihues adapted them as aesthetic insignia of a contemporary urban architecture – in the golden bolt heads of his hotel building on Charlottenstraße (1993–1996), to cite only one example. That no longer had anything at all to do with the original technical character of visible nuts and bolts of the kind displayed in early iron and steel structures. It was more closely related to the idea of facing as propagated by Gottfried Semper, who was initially greatly admired by Wagner as well. The visible bolts in the steel construction of the transformer substation on Einemstraße or on the façade of Dudler's metalworks in Tempelhof-Schönefeld (1988–1990) represented just such an aesthetic transformation, even though they are the direct result of the technical design in the latter case. The demonstrative fastening fixtures for the façade slabs of the Bewag townhouse reflect above all the tradition of aesthetic transcendence. Within the context of the evolution of architecture in Berlin, however, they seemed somewhat too decorative and trendy. And this may be the reason why the theme does not appear elsewhere in Max Dudler's architecture.

Comparison with his other buildings clearly reveals that such details are not needed in order to attract attention to the importance of the relationship between constructive structure and façade concept in Dudler's architecture. Other points of orientation for Dudler's concept of modern urban architecture are more revealing.

Continuity and Architectural Models II

Max Dudler has never denied that his development as an architect has also been influenced by the work of Max Taut, whose presence in the architectural memory of Berlin is underscored not only by his buildings but also by his contribution to the establishment of a new school of architecture at the Hochschule der Künste in the post-war period. If not sooner, this affinity became evident when Dudler moved his office to a floor in the former department store for the Konsumgenossenschaft erected by Max Taut at Oranienplatz in Kreuzberg between 1929 and 1932. He was given a concrete opportunity to express it with the award of a contract for the reconstruction of the auditorium of Taut's school complex in Lichtenberg (1927–1931) in 2002.

While the genius loci at Oranienplatz provides an appropriate working atmosphere, the Tautian spirit is realized in Dudler's buildings wherever the issue of fundamental dispositions of his architectural concepts is involved. In the anti-ornamental, objective-functional reduction of elements of design as produced by Mod-

Max Tauts Warenhaus der Konsumgenossenschaft (1929–1932) am Oranienplatz in Kreuzberg

Max Taut's department store for the Konsumgenossenschaft (1929–1932) at Oranienplatz in Kreuzberg

Hans Heinrich Müllers Bürohaus der Bewag (1927), Luisenstraße 35

Hans Heinrich Müller's office building for Bewag (1927), Luisenstraße 35

gen reichen, die – nicht zuletzt bei Taut – zu einem subtilen Element in der Rhythmisierung der Fassadenverhältnisse werden. Wenn man sich Dudlers Bewag-Haus nun einmal eingerahmt von Tauts Warenhaus am Oranienplatz und dem Bürohaus, das Hans Heinrich Müller als Hausarchitekt 1927 ebenfalls für die Bewag an der Luisenstraße errichtet hatte, vorstellt, wird einiges an Dudlers Fassadenkonzeption deutlich. In einer vergleichbaren städtebaulichen Situation hatte Müller einen klaren modernen Akzent gesetzt: Die asymmetrisch angelegte Eingangssituation, eine forcierte Betonung der Horizontalen durch das durchgehende Band der Brüstungsfelder und die schmalen Querstreben der Schiebefenster, die in ihrer dichten Reihung die Wand fast in ein Fensterband aufzulösen scheinen, um dann doch durch eine schlank profilierte Stützenfolge rhythmisiert zu werden, die wie Taktstriche die Waagerechten skandiert, und schließlich das durchgehende Staffelgeschoss als moderne Variante des Steildaches[12] – all das unterstreicht die Wirkungen einer Fassadenabwicklung, die auf jede Hierarchisierung verzichtet und deren lineares Gleichmaß durch die leichte Profilierung des Rahmens und die geringfügigen Abweichungen in den Formaten der Tür- und Fensteröffnungen nicht langweilig wird.

Demgegenüber ist interessanterweise gerade das elegant renovierte ehemalige Warenhaus am Oranienplatz in der Taut'schen Chronologie des Rahmenbaus[13] ein Beispiel für den Verzicht, den Rahmen in den Vordergrund zu stellen und damit jene rhythmische Profilierung zu erreichen, die zu einer der markantesten Eigenarten der Taut'schen Architektur geworden war. Am Oranienplatz ist die Fassade flach gehalten, die konstruktive Gliederung verschwindet eigentlich hinter der einheitlichen Verkleidung mit Granitplatten, deren Struktur im Verhältnis zu den breit gelagerten Fenstermotiven dennoch seine konstruktive Konzeption sichtbar werden lässt. In der Randbebauung des Gendarmenmarktes tritt die Wand demonstrativ in den Vordergrund; selten hat Dudler so sehr ihre Flächenhaftigkeit ausgestellt. Gleichzeitig wird sie zur Folie, die an der Moderne geschulte Dynamik der geometrischen Beziehungen vorzuführen: in den Anordnungen der Fensterformate und ihrer Unterteilungen und den Spannungsverhältnissen, die sich aus den horizontalen Reihungen und den vertikalen Symmetrien ergeben. Und so ist es am Ende diese besondere Transformation der tektonischen Gesetzmäßigkeiten der Architektur in eine aussagekräftige Fassadengeometrie, in der sich eine durch historische

ernist architects, the aesthetic intentions of architects such as Taut were expressed above all through elementary geometry. Especially the expression of the dynamic relationships between horizontal and vertical lines, in which the most fundamental characteristics of architecture were manifested, released creative energies that developed in various different scales and extended into variations of window formats and subdivisions, which – not least of all in Taut's architecture – became subtle elements that imbued façade configurations with rhythm.

If one imagines Dudler's Bewag building framed by Taut's department store at Oranienplatz and the office building erected on Luisenstraße by Hans Heinrich Müller for Bewag as its chief architect in 1927, several aspects of Dudler's façade concept become clear. Müller had set a striking modern accent in a comparable urban architectural situation: the asymmetrical entrance area, the heightened emphasis on the horizontal achieved by the continuous band of balustrade compartments and the narrow crosspieces in the sliding windows, which appear almost to dissolve the wall into a band of windows by virtue of their arrangement in a tight row and are then imbued with rhythm by a sequence of slim supports that subdivide the horizontal lines like bars between measures of printed music, and finally the wide recessed storey as a modern variation on the steep roof.[12] All of these elements underscore the effects of a façade configuration that rejects all expressions of hierarchical order and exhibits a linear uniformity of scale derived from the slightly protruding frame and minor deviations in the formats of doors and windows and is thus never boring.

In contrast, it is interesting to note that, in the Tautian chronology of frame construction,[13] the elegantly renovated former department store at Oranienplatz is a prime example of a concept that does not place the frame in the foreground, thereby creating the rhythmic profile that had become one of the most striking features of Taut's architecture. The façade at Oranienplatz is flat; the constructive configuration actually disappears behind the uniform facing of granite slabs, whose structure nevertheless reveals its underlying constructive concept in their relationship to the broad window motifs.

The wall shifts demonstratively into the foreground in the peripheral block architecture of the Gendarmenmarkt. Rarely had Dudler exhibited its flatness to this extent. At the same time, it becomes a backdrop for a demonstration of the dynamics of geometric rela-

Erfahrung transformierte Modernität dokumentiert, wie sie die rationalistischen Strömungen in der Architektur seit den 1960er-Jahren hervorgebracht und befördert haben.

Neue Projekte und zukünftige Bauten

Aus der ideellen Nachbarschaft zu der Architektur Hans Heinrich Müllers in der architektonischen Unternehmenskultur der Bewag ist durch zwei neue, seit dem Jahr 2000 entstandene Planungen und Projekte für Dudler nun auch eine ganz konkrete Nachbarschaft und unmittelbare Herausforderung geworden. Mit seinen Planungen für den Umbau und die Erweiterung des Abspannwerkes Wilhelmsruh (2003), einem Ensemble von Wohn- und Geschäftshäusern an der Zimmerstraße (2000) sowie dem Verwaltungsgebäude für Vattenfall Europe in Cottbus (2002) ist eine offensichtlich bewährte Zusammenarbeit seit dem Umspannwerk am Lützowplatz von 1986 und dem Bewag-Haus am Gendarmenmarkt von 1996 nach nunmehr rund 20 Jahren in eine neue Runde gegangen.

Das Abspannwerk Wilhelmsruh ist eines der eindrucksvollsten Elektrizitätsbauwerke von Müller. Dank der Notwendigkeit, die unterschiedlichen Funktionsbereiche aus technischen Gründen klar voneinander abzusetzen, präsentiert die großformatige Anlage eine Gebäudetypologie, die nicht nur durch die charakteristische Artikulation der einzelnen Bauteile auffällt, sondern auch durch die facettenreiche Gestaltung ihrer formalen Einzelheiten. Die Besonderheiten der verschiedenen Baukörper – das Oval des ehemaligen Wartehauses, der schmale Riegel der Phasenschieberhalle, die kompakten Blöcke der ehemaligen Transformatorenhäuser und die trutzig aufragende Wand des von Türmen flankierten Schalterhauses – bilden ein einzigartiges Ensemble, das städtebaulich einprägsam ist und ungewöhnliche Innenräume bereithält.

Dudlers Aufgabe nun war einerseits der Umbau und die Umnutzung des bestehenden Gebäudekomplexes, die respektvolle Eingriffe und Ergänzungen an Bausubstanz und Fassadenstruktur mit einschlossen. Vor allem aber galt es, das bestehende Ensemble durch einen neuen, annähernd ebenso großen Gebäudekomplex zu ergänzen. Dessen blockhafte Anlage der Neubauten reagiert auf die Struktur und Beschaffenheit des Altbauensembles sowohl in der Proportionierung als auch der Gliederung der neuen Baukörper. Auf der gemeinsamen Folie des verwendeten Backsteins lässt Dudler uns dabei besonders anschaulich den Transformationsprozess nachvollziehen, in dem er die Motive des Alten in die Motive des Neuen sich verwandeln oder auch abstrahieren lässt: in der geometrischen Reduktion der Baukörper, vor allem aber in der Zuspitzung der schon an Müllers Bauten deutlich artikulierten, wenn auch zwischen den verschiedenen Bauteilen variierten, vertikalen Wandgliederungen hin zu einem gleichmäßig strengen Fassadenprofil, das die verschiedenen Baukörper in einem fast stakkatohaften Rhythmus überzieht und in ihren Licht- und Schattenwirkungen modelliert.

Die Logik der Körper: Typologie und Transformation

Von den Versicherungsbauten am Mannheimer Bahnhofsvorplatz bis zu seinen letzten Projekten, etwa dem IBM-Hochhaus in Zürich-Altstetten, hat Max Dudler über die volumetrische Differenzierung großformatiger Gebäudekomplexe in kompakte räumliche Anordnungen artikulierter Baukörper eine mittlerweile höchst variantenreiche Typologie von Großstadtarchitekturen erarbeitet, die den spektakulären Freiformen zeitgenössischer Glashochhäuser mit ihrer ausgestellten Technologie das klare Postulat sorgfältig thematisierter Tektonik entgegensetzt. Dass es darüber hinaus vor allem um den Umgang mit den Baukörpern und ihre räumlichen Beziehung zueinander geht, dies zeigen die jüngsten Projekte für die Bewag und für Vattenfall sehr viel mehr als dies in der eingeschränkten städtebaulichen Situation am Gendarmenmarkt gelingen konnte – sieht man einmal von den angedeuteten Möglichkeiten an seiner Rückseite ab. Julius Posener hat einmal in anderem Zusammenhang sehr zutreffend auf Schinkels Absicht hingewiesen, die Gebäude in einer Stadt als Gebilde zu verstehen, die sich zwar zueinander verhalten, aber doch primär in sich abgeschlossen sind.[14] Das Schauspielhaus auf dem Gendarmenmarkt ist dafür ein anschauliches Beispiel. Die ja nicht zuletzt über Oswald Mathias Ungers forcierte Schinkelrezeption in der Architektur der 1970er- und 1980er-Jahre hatte das verinnerlicht, und sie hat auch in Dudlers Architekturauffassung ihre Spuren hinterlassen. Max Dudler hat diese Vorstellung konsequent weiterentwickelt.

Die Logik der Kontinuität

Und so zeigt sich, dass es bei all ihrer oder – pointierter gesagt – gerade in der Eigenständigkeit, die die Bauten Max Dudlers in den 20 Jahren erreicht haben, aufschlussreich und erhellend ist, diese sowohl in einem allgemeineren architekturgeschichtlichen

tionships inspired by Modernism: in the arrangements of window formats and their subdivisions and in the relationships of tension that emerge from the horizontal rows and vertical symmetries. And thus it is ultimately this unique transformation of the tectonic laws of architecture into an eloquent façade geometry in which a modernity transformed through historical experience as engendered and promoted by rationalist currents in architecture since the 1960s is documented.

New Projects and Future Buildings

The theoretical ties to the architecture of Hans Heinrich Müller in the corporate architectural culture of Bewag have evolved through two new plans and projects conceived since 2000 into a very concrete relationship and a direct challenge for Dudler. With his plans for the reconstruction and expansion of the Wilhelmsruh step-down transformer station (2003), an ensemble of office and residential buildings on Zimmerstraße (2000) and the administration building for Vattenfall Europe in Cottbus (2002), 20 years of evidently fruitful collaboration that began with the transformer station at Lützowplatz in 1986 and continued with the Bewag building at Gendarmenmarkt in 1996 has now entered a new phase.

The Wilhemsruh step-down transformer station is one of the most imposing of Müller's electrical power facilities. Due to the necessity of achieving clear distinction between the different functional areas, as dictated by technical considerations, the large-scale complex exhibits a building typology that attracts attention not only by virtue of the characteristic articulation of individual building components but also through the multifaceted design of its formal elements. The distinctive features of the different structures – the oval shape of the former guard house, the slim wing of the phase modifier building, the compact blocks of the former transformer buildings and the defiantly towering wall of the switching facility flanked by two towers – form a unique ensemble with a striking urban architectural character that offers unusual interior spaces.

Dudler's task was twofold. He was to remodel the existing building and convert it for new use, making respectful modifications and additions to the building substance and façade, but above all to complement the existing ensemble with a new building complex of nearly equal size. His design for the block-shaped new buildings responds to the structure and characteristic features of the old building ensemble, in terms of both the proportions and configuration of the new structures. Dudler offers us a particularly striking insight into the process of transformation on the shared backdrop of the brick walls, in which he transforms or abstracts motifs from the old into motifs of the new – in the geometric reduction of the building structures but most notably in the heightened emphasis on the vertical wall configurations, which were already clearly articulated in Müller's buildings, though varied from one building component to another, leading to a uniformly austere façade profile that covers the different buildings in an almost staccato rhythm and modulates their light and shadow effects.

The Logic of Architectural Units: Typology and Transformation

From the insurance buildings at the square in front of the railway station in Mannheim to his most recent projects, such as the IBM building in Zurich-Altstetten, Max Dudler has developed a richly varied typology of urban architectures through the volumetric differentiation of large-scale building complexes in compact spatial arrangements. This typology confronts the spectacular free forms of contemporary glass high-rises and their display of technology with the clearly-defined principle of carefully conceived tectonics. The fact that he is also concerned above all with an approach to individual building units and their spatial relationships to one another becomes evident in the most recent projects for Bewag and Vattenfall – much more so, in fact, than would be possible in the confining urban architectural situation at the Gendarmenmarkt, disregarding for a moment the possibilities suggested on its rear side. Writing in another context, Julius Posener once referred quite aptly to Schinkel's desire to view the buildings in a city as structures which relate to one another yet are essentially self-contained.[14] The Schauspielhaus at the Gendarmenmarkt is a good example. The reception of Schinkel in the architecture of the 1970s and 1980s, which was promoted not least of all by Oswald Mathias Ungers, had internalized the principle, and it has also left traces in Dudler's philosophy of architecture. Max Dudler has developed this idea consistently and progressively.

The Logic of Continuity

And thus it is clear that, given – or perhaps more accurately because of – the autonomous character achieved by Max Dudler's buildings over the past 20 years, it is both instructive and enlightening to regard them within a general architectural context as well as in a more specific one produced by the programmatic building activity and the prominent architectural legacy of Bewag in the

Kontext zu sehen als auch in dem engeren Zusammenhang, den die programmatische Bautätigkeit und das profilierte bauliche Erbe der Bewag im 20. Jahrhundert hergestellt hat. Die Kontinuität dieser Zusammenarbeit wirft ein Licht auf das architektonische Selbstverständnis einer Bauherrschaft, die sich offensichtlich ihrer nicht zuletzt aus den Besonderheiten eines architektonischen Erbes erwachsenen Verpflichtungen bewusst ist. Gleichzeitig hat sie dem architektonischen Entwicklungsprozess von Max Dudler neben der mittlerweile beträchtlichen Vielzahl seiner anderen Projekte eine Folge von Spielräumen eröffnet, in denen sich im kleinen Maßstab seine höchst eigene Architekturgeschichte dokumentiert und die Logik einer Kontinuität, die souverän mit ihren Vorbildern und Kontexten umgeht, um aus ihnen das Eigene, das Neue zu entwickeln.

In dieser Selbstständigkeit hat sich Max Dudler mehr als all jene, die sich kaum von den Formalismen ihrer Vorbild lösen konnten, als Vertreter einer rationalistischen Architektur im besten Sinne profiliert und emanzipiert und den eingangs zitierten Überlegungen von Oswald Mathias Ungers eine eigene Glaubwürdigkeit verliehen, dass nämlich «wenn man das Bauen als einen kontinuierlichen Prozess versteht, [...] an dem die Geschichte ebenso beteiligt ist wie die Antizipation der Geschichte, [...] die transfomatorische Verwandlung nicht nur das Mittel der Gestaltung, sondern Gegenstand der Gestaltung selbst» ist.

1 Oswald Mathias Ungers, *Die Thematisierung der Architektur*, Stuttgart 1983, S. 15.

2 Zu Adolf Meyer vgl. Annemarie Jaeggi, *Adolf Meyer, der zweite Mann. Ein Architekt im Schatten von Walter Gropius*, Berlin 1984.

3 Das Treffen war Teil einer Reihe von Interviews mit Videoaufnahme, die in Vorbereitung einer Ausstellung mit verschiedenen Architekten und Architektinnen geführt wurden. Zugegen waren als Kuratoren der Ausstellung Hans-Peter Schwarz und die Autorin sowie Valerian Wolenik als Kameramann. Mit im Bild: das kurz zuvor fertiggestellte neue Hochhaus für die Frankfurter Messe von Oswald Mathias Ungers. Die Messebauten Ungers' sind es vor allem, die Dudler in dessen Büro in Frankfurt (von 1981 bis 1986) gelockt hatten.

4 J. Christoph Bürkle (Hrsg.), *Max Dudler. Architektur für die Stadt*, Sulgen/Zürich 2003, S. 115.

5 Mit Karl Dudler und Pete Welbergen (1986–1995).

6 Die beiden 1992 und 2002 erschienen Publikationen von Paul Kahlfeldt lassen nicht nur dem prägnanten Werk eines ansonsten ziemlich in Vergessenheit geratenen Architekten Gerechtigkeit widerfahren, sie machen auch das Ausmaß und die Bedeutung klar, die diese Bauwerke in jeder Beziehung für die Stadt und ihre moderne Entwicklung hatten. Paul Kahlfeldt, *Hans Heinrich Müller: 1879–1951. Berliner Industriebauten*, Basel 1992. Mit einem Geleitwort von Julius Posener; ders., *Die Logik der Form. Berliner Backsteinbauten von Hans Heinrich Müller*, Berlin 2004.

7 Vgl. Kahlfeldt, *Hans Heinrich Müller: 1879–1951. Berliner Industriebauten*, a.a.O., S. 44f.

8 Auch Ungers selbst hatte das Motiv kurz zuvor mit den großformatigen Durchgängen seines quadratischen Wohnblocks in Kreuzberg noch einmal verarbeitet.

9 Bürkle (Hrsg.), *Max Dudler. Architektur für die Stadt*, a.a.O., S. 114.

10 In diesen Zusammenhang der Sicht- und Achsenbeziehungen gehört auch jene merkwürdige Unebenheit in der ansonsten plan durchgezogenen Fassadenverkleidung, eine Ungereimtheit, die wie ein kaum merkliches Schulterzucken die Blickbeziehung auf den Dom und den Platz hin noch einmal nachdrücklich zu korrigieren und aus einer zu eintönigen Geradlinigkeit zurechtzurücken scheint.

11 Vgl. Harry Francis Mallgrave, *Gottfried Semper. Ein Architekt des 19. Jahrhunderts*, Zürich 2001, S. 386.

12 Vgl. Kalhfeldt, *Die Logik der Form. Berliner Backsteinbauten von Hans Heinrich Müller*, a.a.O., S. 123.

13 Annette Menting, *Max Taut. Das Gesamtwerk*, München 2003, S. 145ff.

14 Im Zusammenhang mit der Frage nach dem Verhältnis von Raum und Baukörper, die Posener am Beispiel von Friedrich Ostendorfs Kritik an Schinkel diskutiert, schreibt er: «Ostendorf hat, im Gegenteil, Schinkels Absichten sehr wohl verstanden und hätte sich auf Schinkels eigene Äußerungen berufen können, dass in der Stadt ein Gebäude ein in sich abgeschlossenes Gebilde sei, dem sich andere, ebenfalls abgeschlossene Gebilde an die Seite stellen können: natürlich müssten sich solche Gebilde irgendwie zueinander verhalten. Wie das zu geschehen habe, führt Schinkel nicht aus und kann es nicht ausführen; er denkt aber auf keinen Fall an den räumlichen Zusammenhang der barocken Stadt. Im Gegenteil hätte er als Städtebauer alles getan, die Geltung dieses Zusammenhangs in Frage zu stellen.» Julius Posener, *Berlin auf dem Weg zu einer neuen Architektur. Das Zeitalter Wilhelms II.*, München 1979, S. 178.

20th century. The continuity of this collaboration sheds light on the architectural philosophy of a building client who is obviously well aware of the obligations that have emerged not least of all from the specific qualities of an architectural heritage. At the same time, it has offered Max Dudler, in addition to the now considerable number of other projects he has undertaken, a series of new creative options for the development of his architecture in which his highly unique architectural history is documented on a small scale and the logic of a continuity that deals masterfully with its sources of inspiration and contexts in order to develop something new and unique in its own right.

More than any of those who have been unable to free themselves from the formalisms of their models, Max Dudler has, through this autonomy, established and emancipated himself as an exponent of a rationalistic architecture in the best sense of the term and given new credibility to the ideas of Oswald Mathias Ungers cited in the introduction, namely that "if we understand building as a continuous process […] in which both history and the anticipation of history is involved, […] then transformation is not only a tool of design but the object of design itself".

1 Oswald Mathias Ungers, *Die Thematisierung der Architektur*, Stuttgart 1983, p. 15.
2 On Adolf Meyer see Annemarie Jaeggi, *Adolf Meyer, der zweite Mann. Ein Architekt im Schatten von Walter Gropius*, Berlin 1984.
3 The meeting was part of a series of videotaped interviews conducted with various architects in preparation of an exhibition. Hans-Peter Schwarz and the author, as curators of the exhibition, as well as Valerian Wolenik as cameraman attended the interview. Captured on film: the recently completed high-rise building designed by Oswald Mathias Ungers for the Frankfurt Trade Fair. Especially the trade fair buildings by Ungers have brought architect Dudler to his firm and to Frankfurt.
4 J. Christoph Bürkle (ed.), *Max Dudler. Architektur für die Stadt*, Sulgen/Zurich 2003, p. 115.
5 With Karl Dudler and Pete Welbergen (1986–1995).
6 The two publications by Paul Kahlfeldt released in 1992 and 2002 not only restore a measure of justice to the striking oeuvre of an otherwise rather forgotten architect but also convey a clear impression of the magnitude and significance of these buildings, in every conceivable sense, for the city and its modern development. Paul Kahlfeldt, *Hans Heinrich Müller: 1879–1951. Berliner Industriebauten*, Basel 1992. With a foreword by Julius Posener; Paul Kahlfeldt, *Die Logik der Form. Berliner Backsteinbauten von Hans Heinrich Müller*, Berlin 2004.
7 Cf. Kahlfeldt 1992, pp. 44f.
8 Ungers himself had worked with the motif somewhat earlier in the large-scale passages of his square housing block in Kreuzberg.
9 Bürkle (ed.) 2003, p. 114.
10 The odd break in the otherwise smooth surface of the flat façade facing is also relevant to this context of visual and axial relationships – a discrepancy which, like a barely noticeable shrug of the shoulders, appears to correct the visual reference to the Dom and the square with renewed emphasis and to shift it away from an overly monotonous rectilinearity.
11 Cf. Harry Francis Mallgrave, *Gottfried Semper. Ein Architekt des 19.Jahrhunderts*, Zurich 2001, p. 386.
12 Cf. Kalhfeldt 2004, p. 123.
13 Annette Menting, *Max Taut. Das Gesamtwerk*, Munich 2003, pp. 145ff.
14 With regard to the question of the relationship between space and the building unit, which Posener discussed with reference to Friedrich Ostendorf's critique of Schinkel, he writes: "On the contrary, Ostendorf did indeed understand Schinkel's intentions and could have cited Schinkel's contention that a building in the city is a self-contained structure which can be joined by equally self-contained neighbouring structures: such structures would have to relate to each other in some way, of course. Schinkel does not and cannot explain how that is to be achieved; but it is by no means the spatial context of the baroque city he has in mind. In fact, he, as an urban architect, would have done everything in his power to cast doubt on the applicability of that context." Julius Posener, *Berlin auf dem Weg zu einer neuen Architektur. Das Zeitalter Wilhelms II.*, Munich 1979, p. 178.

Projekte | Projects

Umspannwerk Lützowplatz | Berlin 1986–1989

Das Umspannwerk am Lützowplatz ist Teil des städtebaulichen Konzepts der IBA Berlin von 1984, das an dieser Stelle der Blockrandbebauung den Durchgang für einen Privatweg vorsah, um die Bauten im Blockinneren zu erschließen. Dieser Durchgang liegt in der Mitte des einen Gebäudeteils, im «Torhaus». Der zweite Teil des Gebäudes, die «Scheibe», nimmt die bestehende Situation auf und reagiert auf die tiefe Brandwand und die Gesimshöhe des Nachbarhauses. Die Gliederung der Baumasse und auch die unterschiedlichen Materialien ermöglichen sowohl die angemessene Anpassung an die angrenzenden Gebäude als auch die städtebauliche Betonung des Durchgangs zum Inneren des Blocks. Die Fassade wurde als vorgehängte, hinterlüftete Leichtmetallkonstruktion erstellt, in der U-Profile die Rahmen der Ausfachungsfelder bilden. Die Befestigung der bläulich beschichteten Fassadenelemente wurde – die Methode der Konstruktion transparent gestaltend – mit sichtbaren Schrauben ausgeführt, die Fassaden der Scheibe hingegen aus Verblendsteinen gemauert. In seiner Geometrie ist das Umspannwerk über den Durchgang und die übergroßen, technisch bedingten Raumhöhen der sechs Geschosse bestimmt. Es ist, eingebunden in den Block, ein «technisches Haus» des 20. Jahrhunderts, das seinen funktionellen Inhalt nach außen widerspiegelt; zugleich ist es aber ebenso ein Eingangshaus, ein Entree für die im Blockinneren liegenden Wohnbauten.

Transformer Substation at Lützowplatz | Berlin 1986–1989

The transformer station at Lützowplatz is part of the urban planning concept developed for the IBA (International Building Exposition) Berlin in 1984, which called for a private passage at this point in the peripheral block structure to provide access to the buildings in the interior. This passage is positioned in the middle of a building wing, the "Torhaus" (gatehouse). The second part of the building, known as the "Scheibe" (disc), reflects the existing situation and responds to the deep firewall and the cornice elevation of the neighbouring building. The configuration of the building volume and the different materials used support appropriate adaptation to the adjacent buildings and heighten the architectural emphasis on the passage into the interior of the block. The façade is a back-ventilated, lightweight metal construction attached to the building wall. U-channels form the frames of the infill sections. The coated bluish façade elements were attached with visible bolts, thus making the construction method readily apparent, while the façades of the disc were built with facing brick. The geometric configuration of the transformer station is largely determined by the passage and the unusually high ceiling heights of the six storeys, which reflect technical requirements. Incorporated into the block, it is truly a 20th-century "technical building" that reflects its function toward the outside. Yet it is also an entrance building, an entrée to the residential buildings inside the block.

Blockeingangsfassade Einemstraße | Block entrance façade on Einemstraße

Ansicht Einemstraße | View Einemstraße
Ansicht Innenhof | View of courtyard

Die bläulich schimmernde Metallfassade entspricht der technischen Nutzung des Gebäudes | The bluish shimmering metal façade answers the technical utilization of the building

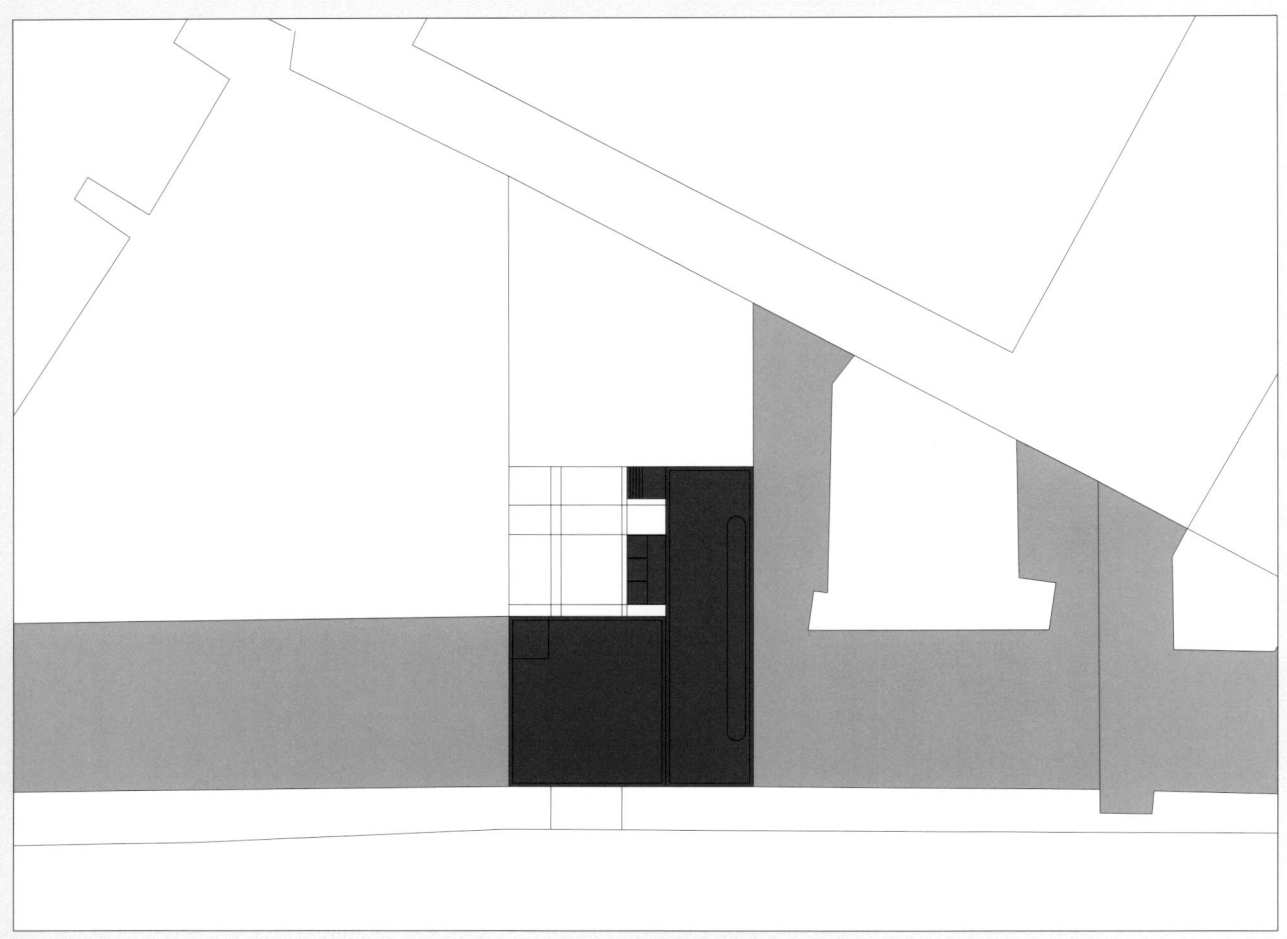

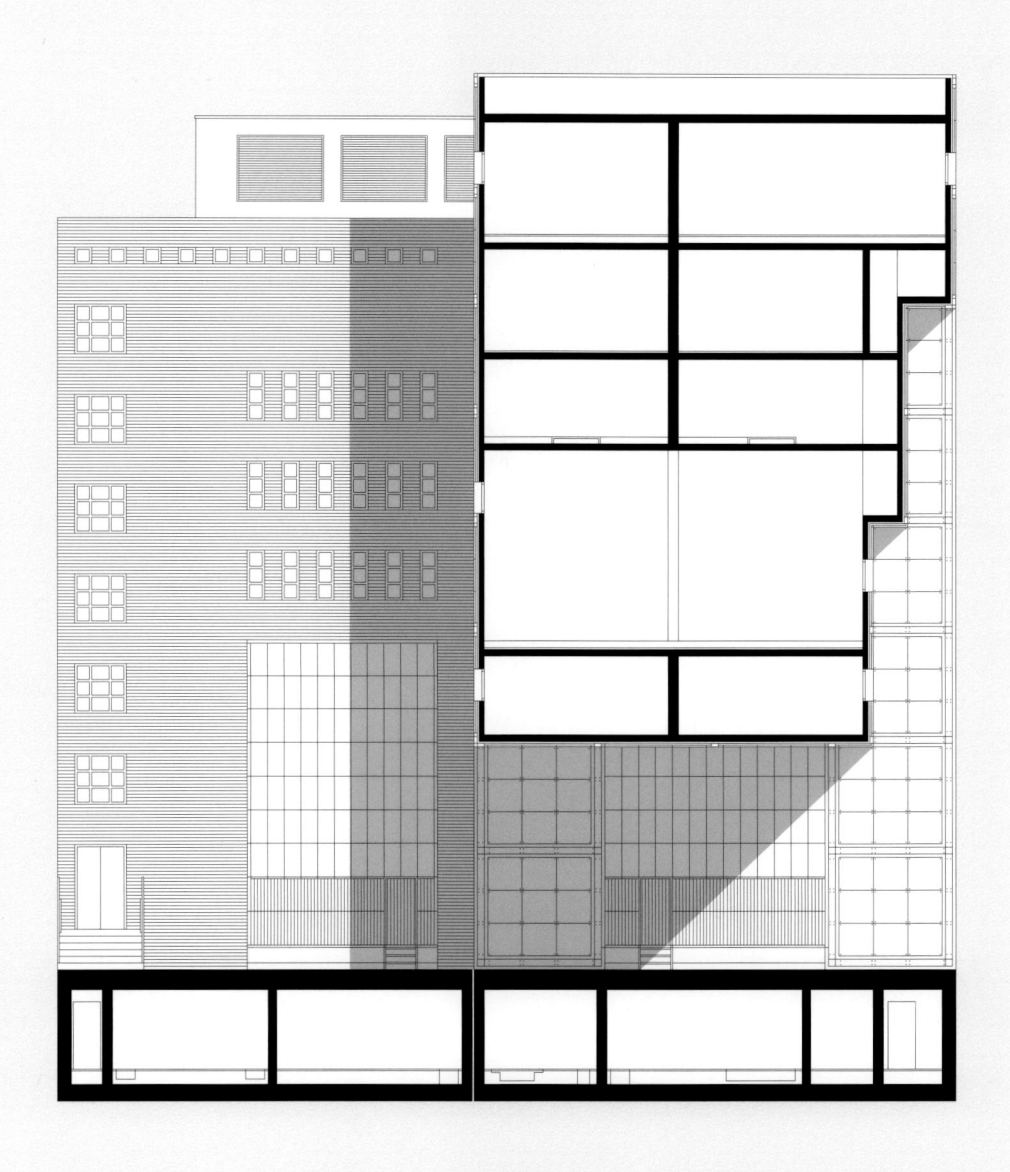

Schnittansicht Tordurchfahrt | Sectional view of passage 37

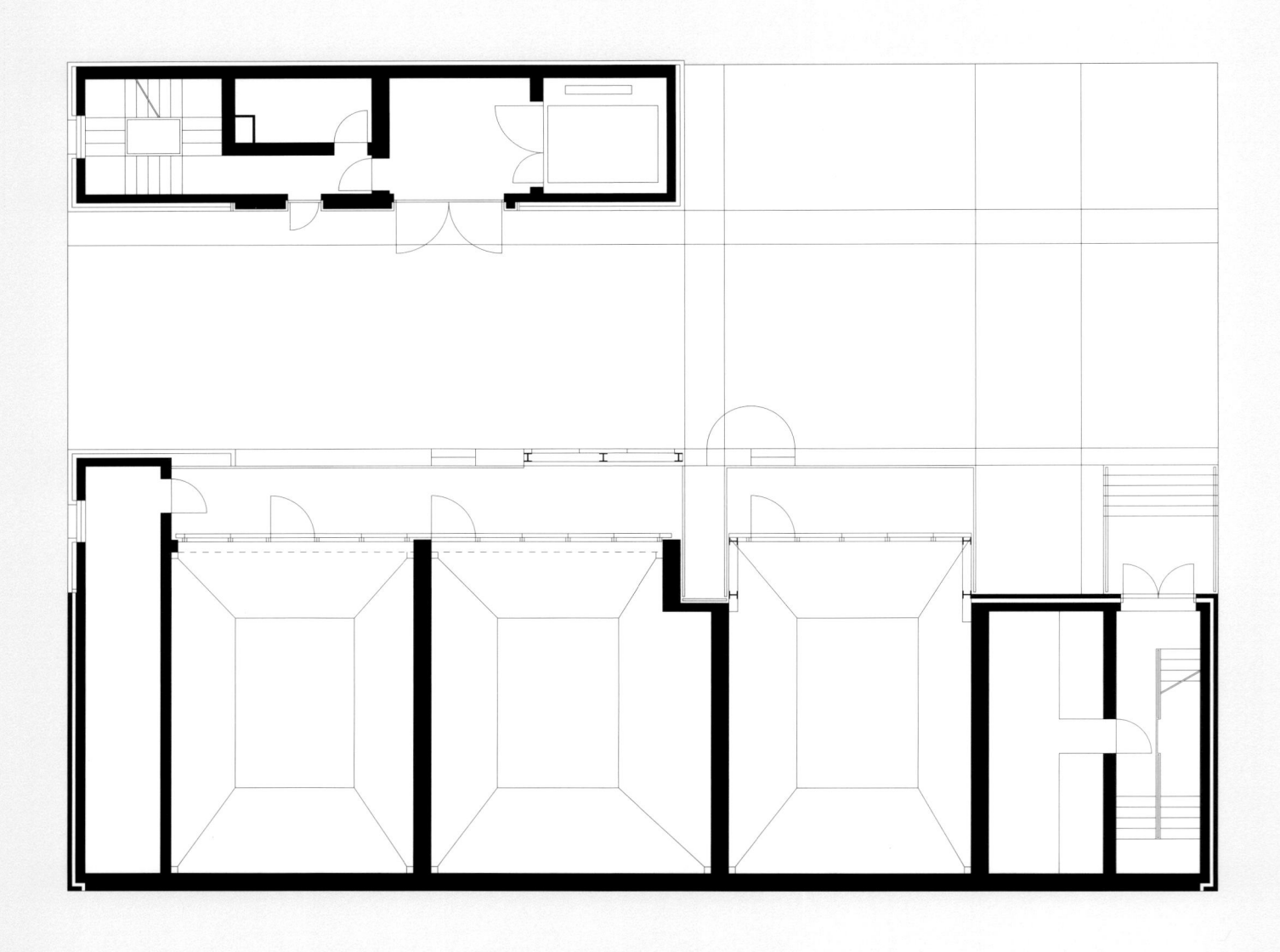

Grundriss Erdgeschoss | Floor plan ground floor

Straßenansicht | Streetside view 39

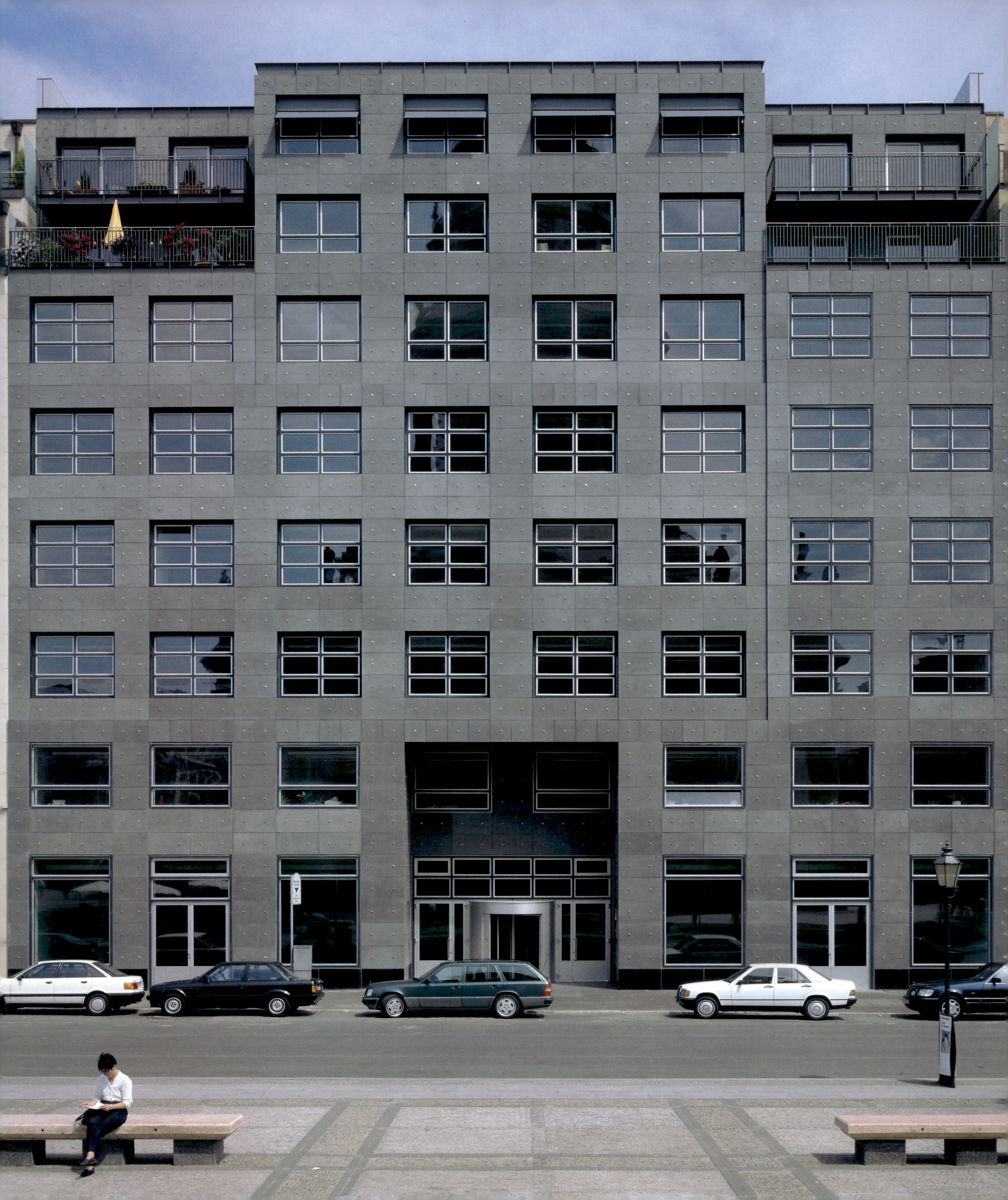

Geschäfts- und Wohnhaus am Gendarmenmarkt | Berlin 1993–1997

Die Anordnung des Geschäfts- und Wohngebäudes für die Bewag am Gendarmenmarkt nimmt die Erinnerung an die räumliche Geschichte des Ortes auf: Es ist an der Stelle des ersten Elektrizitätswerks Berlins in den Stadtraum integriert. Das Viertel um den Gendarmenmarkt ist eines der ersten barocken Stadterweiterungsgebiete Berlins, Teil der auf Rastergrundriss ausgelegten nördlichen Friedrichstadt mit dem prägenden Gendarmenmarkt. Bis 1945 war hier ein gehobenes Geschäfts- und Bankenviertel. Auf der Achse des Deutschen Domes wird ein zurückhaltendes, signifikantes Geschäftshaus hinzugefügt, das die Haustypologie der Friedrichstadt aufnimmt und mit seiner Höhenentwicklung auf die besondere städtebauliche Situation reagiert: Die Gebäudehöhe orientiert sich mit zwei Staffelgeschossen an der Traufkante der Anschlussbauten.

Das städtebauliche Konzept spiegelt sich auch in der Gestaltung des Gebäudes, speziell der Eingangssituation, der subtilen Aufnahme seines Gegenübers, des Deutschen Domes, wider. Sockel, mittlere Fassade und das Staffelgeschoss bilden das architektonische Prinzip der Neubebauung. Der Charakter eines Stadthauses, das sich an die Logik des Viertels anpasst, wird durch die reliefartige Steinfassade mit zurückliegenden Stahlsprossenfenstern unterstrichen. Die Befestigung der Steinplatten an der Fassade, die Geländer, die Fassaden- und Gebäudeabschlüsse werden als Transformation eines technischen Vorgangs detailliert und symbolisieren so gleichsam die Entwicklung der Technik.

Das Geschäfts- und Wohnhaus wird vertikal über zwei außen liegende repräsentative Treppenräume sowie zwei Liftanlagen erschlossen. Sie sind über eine eingeschossige Eingangshalle zu erreichen. Ziel ist es, dem zukünftigen Stadthaus ein adäquates Entree zu geben. Die räumliche Abfolge Eingang – Halle – Passage soll die Akzeptanz der Einrichtungen im Erdgeschoss und den darüberliegenden Wohn- und Büroetagen unterstützen.

Office and Residential Building at the Gendarmenmarkt | Berlin 1993–1997

The configuration of the office and residential building for Bewag at the Gendarmenmarkt recalls the history of urban development in the city. It is integrated into urban space at the site of Berlin's first electrical power plant. The district around the Gendarmenmarkt was one of the first areas of expansion in Berlin during the baroque period. It is part of the northern Friedrichstadt laid out on a grid plan, with the dominant feature of the Gendarmenmarkt. A high-class business and banking district was situated here until 1945. Here, aligned with the axis of the Deutscher Dom, an unpretentious, significant business building has been added which reflects the typical building style of the Friedrichstadt and responds with its height to the specific urban situation. The height of the building is oriented with two recessed storeys toward the roofline of the adjacent buildings.

The urban planning concept is also reflected in the design of the building, including in particular the entrance area, the subtle response to the opposing structure, the Deutscher Dom. The base, the middle façade and the recessed storeys shape the architectural principle of the new building. The character of a town house that reflects the logic of the quarter is underscored by the relief-like stone façade with its recessed steel transom windows. The mountings for the stone slabs on the façade, the railings, the façade and building ends are detailed as a transformation of a technical process and thus symbolize the development of technology.

The business and office building is made accessible vertically through two representative exterior stairways and two lifts which are entered through a one-storey entrance lobby. The goal is to provide an appropriate "entrée" for the town house. The spatial sequence of hall and passage is intended to promote acceptance of the enterprises on the ground floor and the residential and office floors above.

Reliefartige Natursteinfassade, dem städtebaulichen Gegenüber nachempfunden | Relief-like natural stone façade adapted from the opposing urban structure

Gendarmenmark mit Bewag-Haus und Deutschem Dom | Gendarmenmarkt with Bewag-House and Deutscher Dom
S. 43 Loungebereich, Konferenzetage | p. 43 Lounge area, conference floor

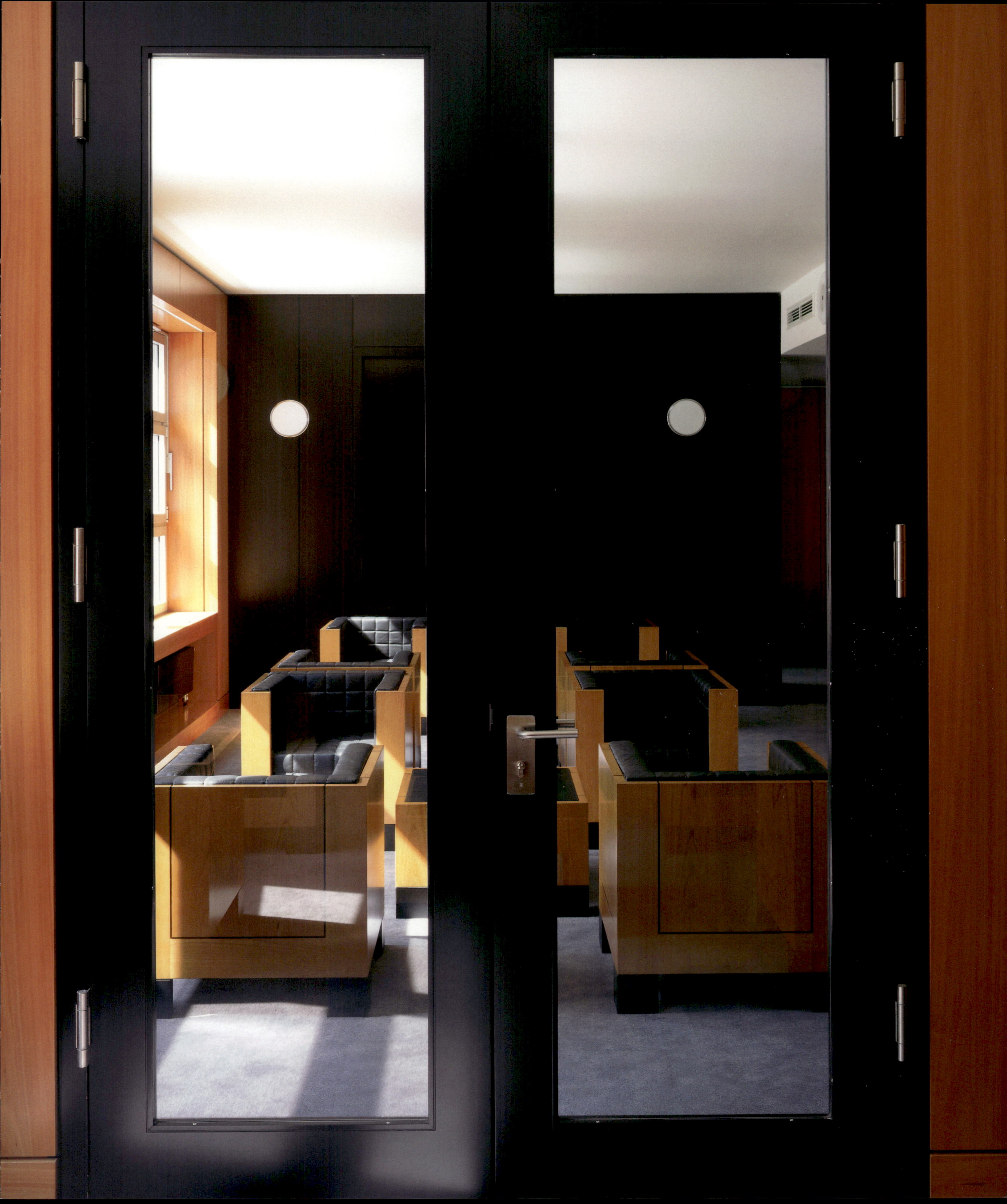

Konferenzsaal mit Blick auf den Gendarmenmarkt | Conference room with view of the Gendarmenmarkt
S. 45 Innere Erschließung der Maisonettewohnung | p. 45 Indoor staircase of the maisonette

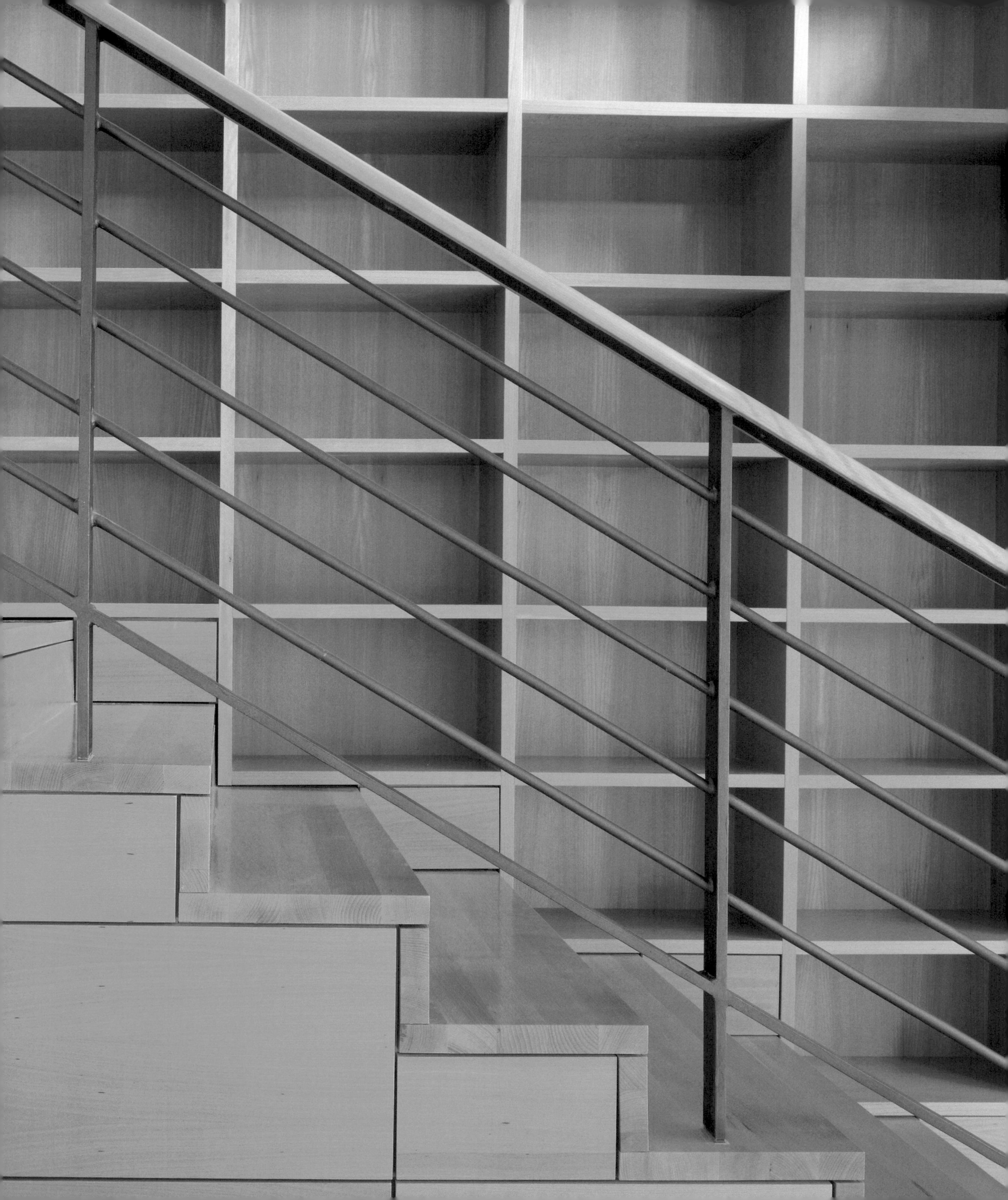

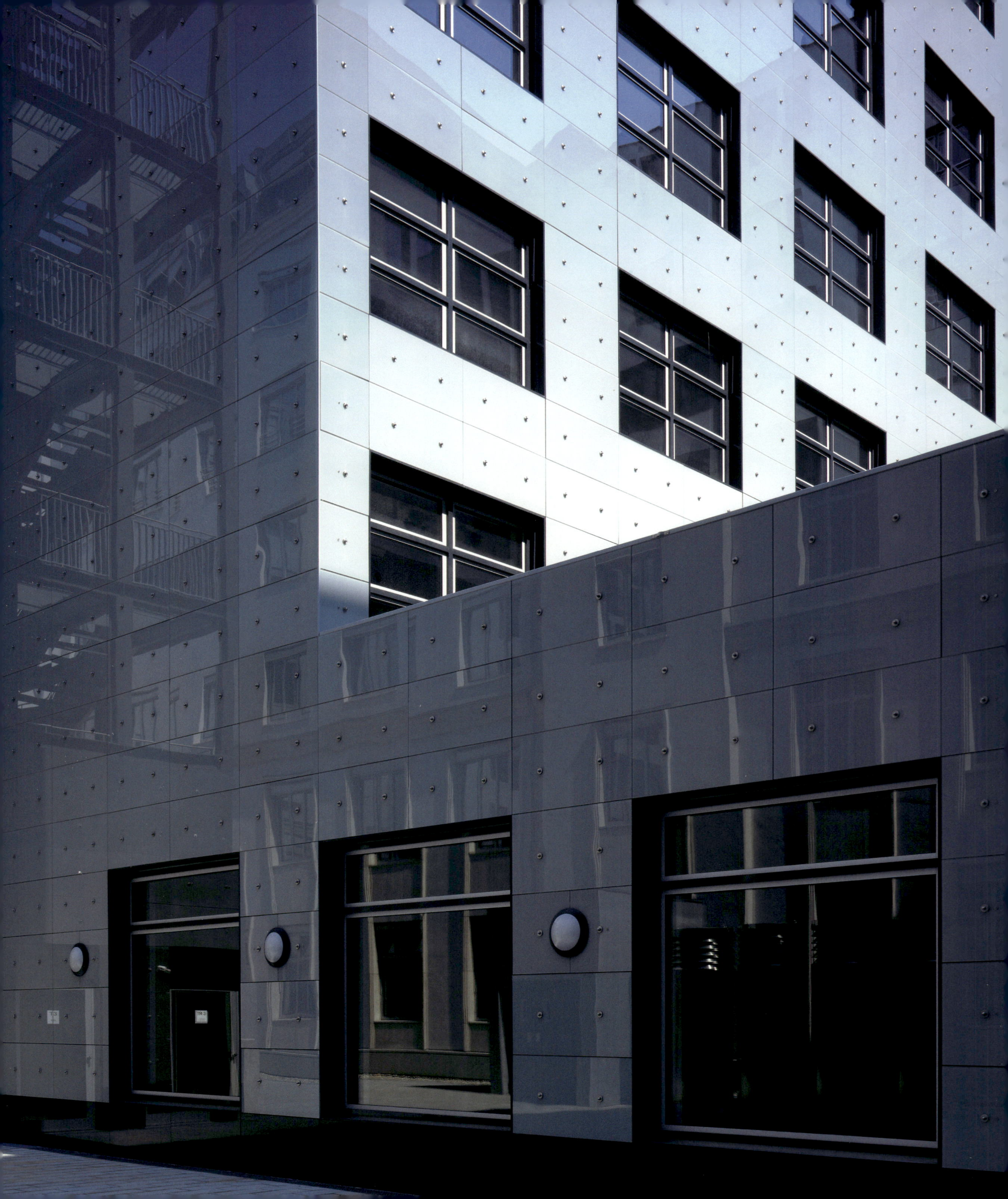

S. 46 Rückseitige Fassade mit spiegelnden Glasplatten | p. 46 Backside façade with reflective glass plates
S. 47 Sichtbare Bolzenkopfbefestigung der Natursteinplatten | p. 47 Visible fastening of the stone slabs with bolt heads

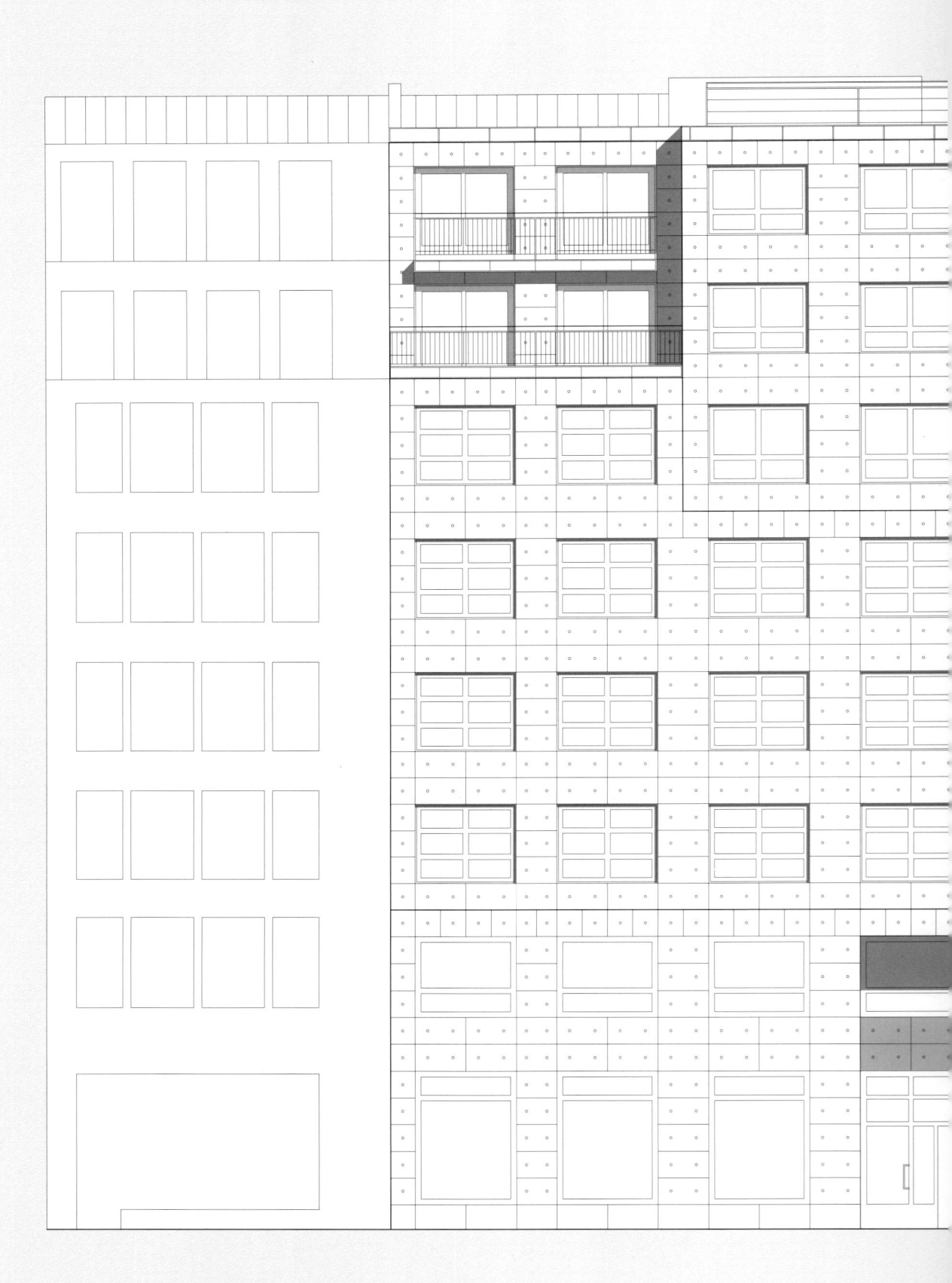

Ansicht Gendarmenmarkt, Markgrafenstraße | View of Gendarmenmarkt, Markgrafenstraße

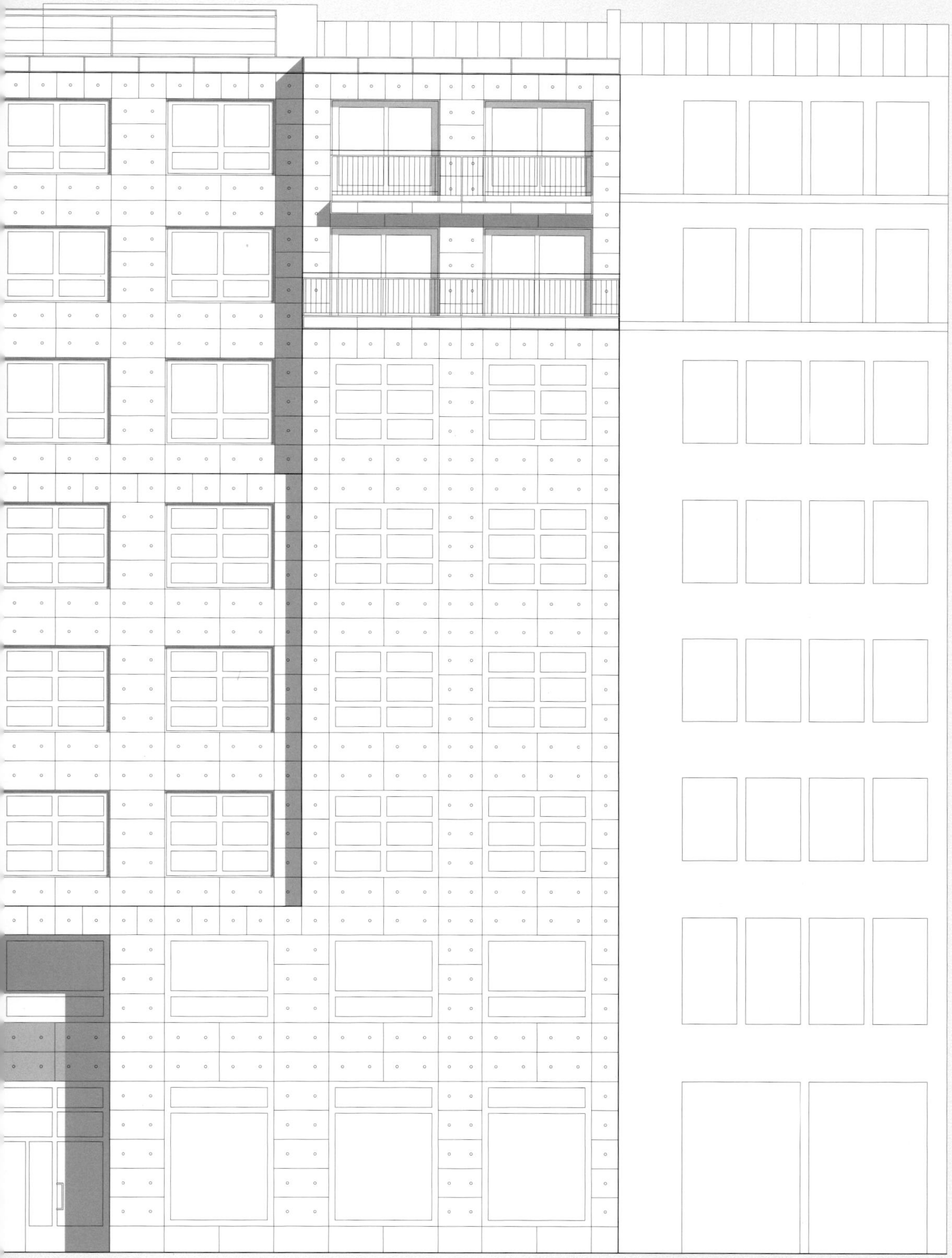

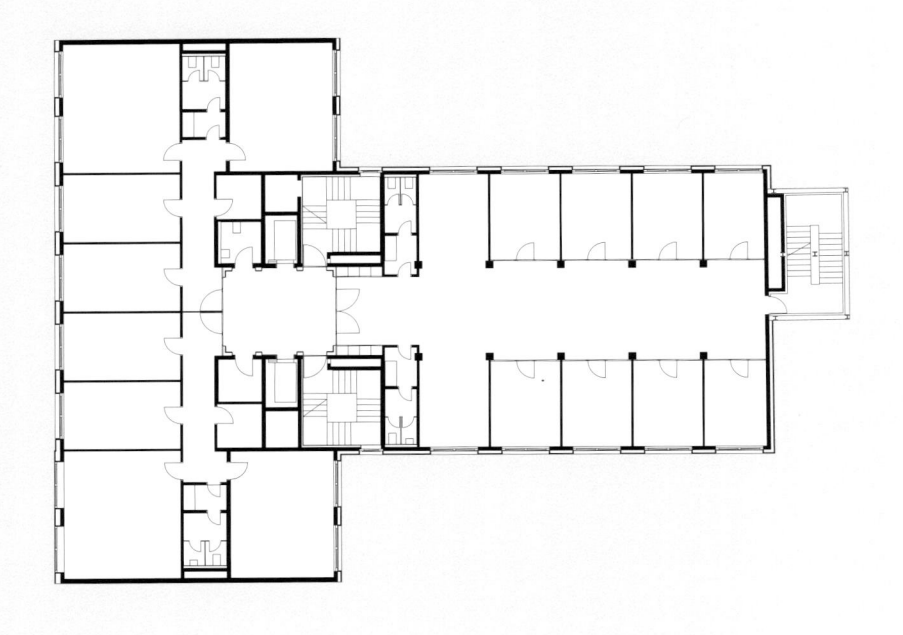

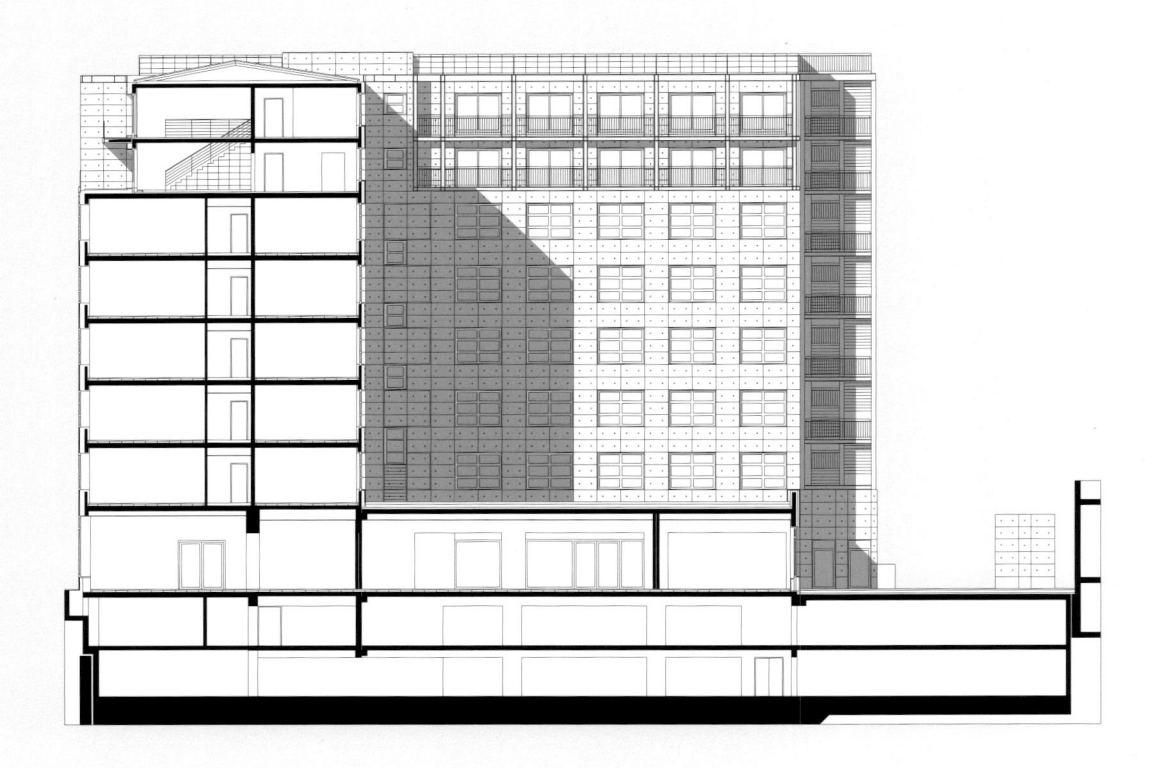

Grundriss Büroetage | Floor plan office floor
Schnittansicht | Sectional view

Lageplan | Site plan

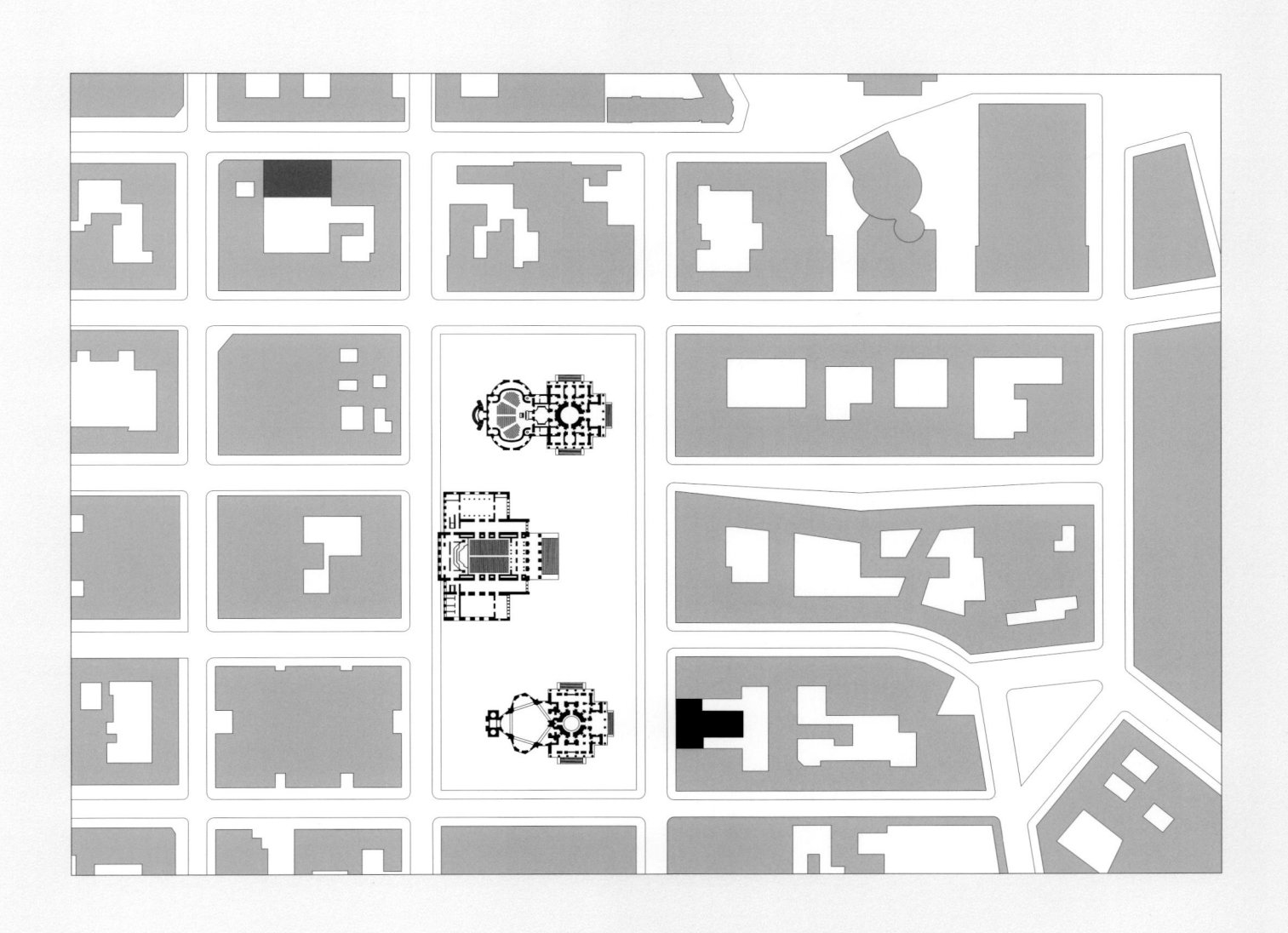

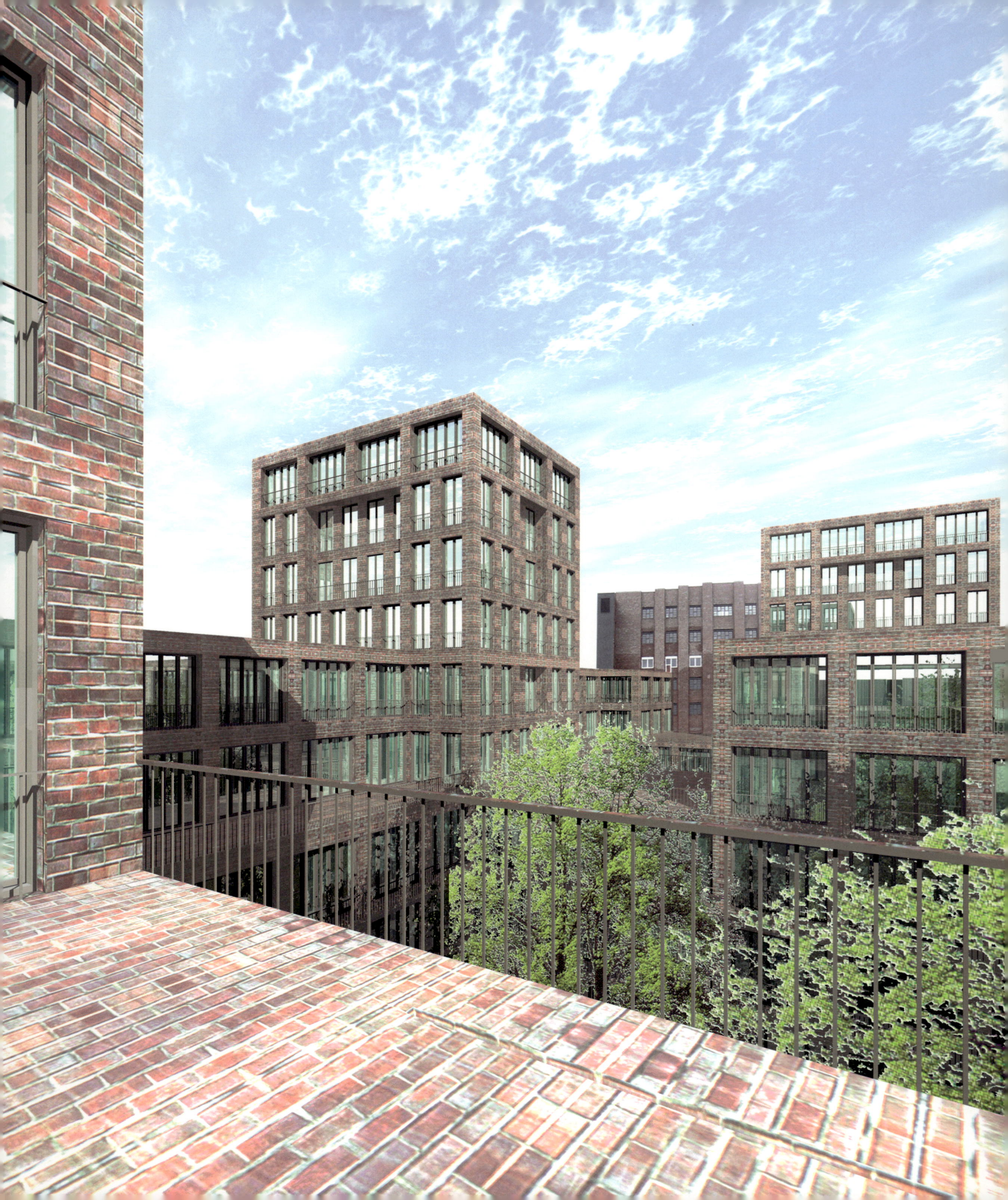

Bebauung Zimmerstraße, Block 101 | Berlin 2000

Das Grundstück in Berlin-Mitte, für das ein städtebauliches Konzept zum Neubau eines Wohn- und Geschäftsgebäudes entwickelt werden sollte, befindet sich innerhalb eines Blocks, der im Süden von der Zimmerstraße und im Osten von der Mauerstraße begrenzt wird. Es handelt sich um einen der größten Blocks in der Umgebung, und entscheidend bestimmt ist die Situation durch das ehemalige Abspannwerk Buchhändlerhof von Hans Heinrich Müller, das mit über 30 Metern Höhe solitärhaft aus der üblichen Berliner Traufhöhe von 22 Metern emporsteigt. Das Grundstück erstreckt sich von der Zimmerstraße bis an das historische Gebäude Müllers, das städtebaulich in starken Kontrast zu den übrigen Gebäuden tritt. Intention des Entwurfs war es vor allem, eben diese städtebauliche Diskrepanz zu stabilisieren; und damit nicht die Wiederholung von Baukörpern, sondern eine Abfolge von inhaltlich und visuell ineinander übergreifenden Teilen zu einem signifikanten Bauwerk zu schaffen.

Der Neubau ist als Figur mit solitärem, skulpturalem Charakter ausgebildet – eine Figur jedoch, die auf die Bedingungen im parzellierten Block eingeht und durch sie bedingt ist. Durch die drei Türme, die sich in der Fassadengestaltung jeweils über die gesamte Gebäudehöhe abzeichnen, tritt der Neubau einerseits in eine enge Beziehung mit dem Abspannwerk. Andererseits ergeben sich durch die Höhensprünge in der Gebäudekubatur komplexe räumliche Zusammenhänge sowohl innerhalb des Neubaus und dessen Höfen als auch zwischen Neubau und ehemaligem Abspannwerk. Entlang der Westseite des Neubaus befindet sich eine begrünte Gasse, die zum historischen Park im Blockinneren führt – also eine neue und für die Erschließung notwendige Verbindung zur Zimmerstraße. So wird der Block zu einem Ensemble, das in spannungsvoller Gratwanderung zwischen traditioneller Blockrandbebauung und solitären Elementen zu einer Einheit gelangt.

Building Development Zimmerstraße, Block 101 | Berlin 2000

The property in Berlin-Mitte, for which an urban development concept for a new housing and office building was to be drafted, is part of a city block bordered by Zimmerstraße to the south and Mauerstraße to the east. It is one of the largest blocks in the vicinity, and the situation is dominated by the former Buchhändlerhof step-down transformer station built by Hans Heinrich Müller, a structure over 30 metres high that rises as a solitary figure above the usual Berlin eaves height of 22 metres. The lot extends from Zimmerstraße to Müller's historical edifice, which stands in stark contrast to the other buildings. The primary intent of the new plan was to stabilize this urban architectural discrepancy, thus avoiding the duplication of building structures in favour of a sequence of substantively and visually interacting components comprising a significant architectural whole.

The new building is conceived as a figure with solitary, sculptural character – but also as a figure that responds to and is shaped by the prevailing conditions in the subdivided block. Three towers stand out distinctly in the façade design over the entire height of the building, forging a close link between the new building and the transformer station. At the same time, the striking peaks in the building cubature produce complex spatial relationships both in the new building and its courtyards, and between the new building and the former transformer station. A lane lined with trees and shrubbery runs along the western side of the new building and leads into the historical park inside the block – as a new and necessary link that offers access to and from Zimmerstraße. All in all, the block forms an ensemble that achieves unity in a balancing act between traditional peripheral block architecture and solitary elements.

Blick auf das Abspannwerk Buchhändlerhof im Hintergrund | View of the step-down transformer station Buchhändlerhof in the background

Blick ins Blockinnere | View into the inner part of the block
Innenraum Loftwohnung | Interior of the loft apartment

Perspektive Zimmerstraße | View of Zimmerstraße

56 **Lageplan** | Site plan

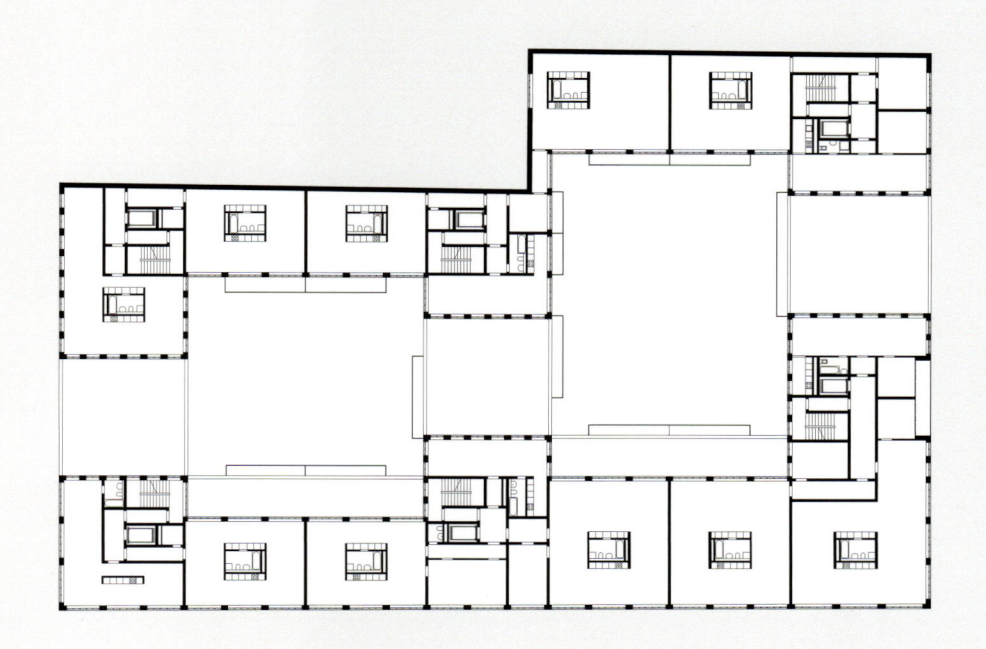

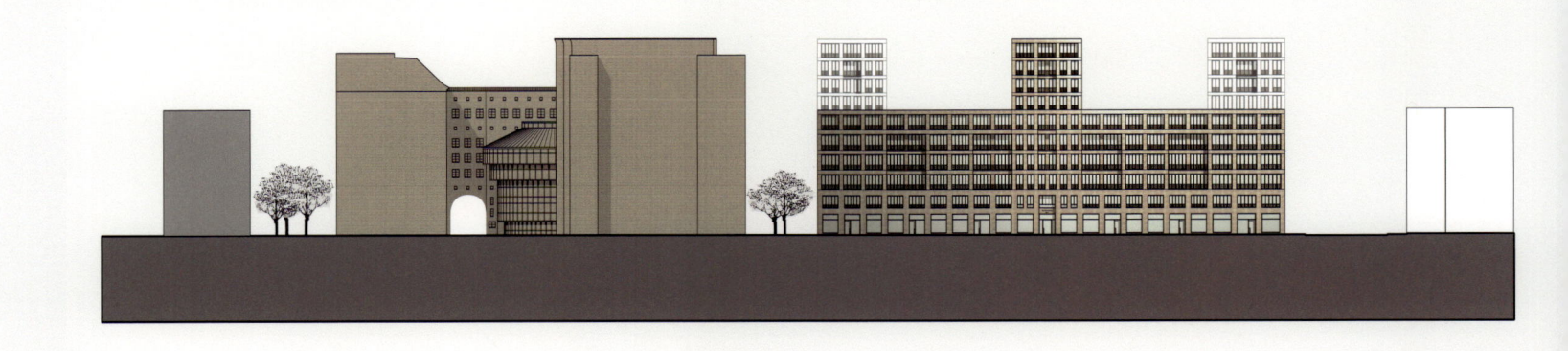

Grundriss Wohnnutzung 4.OG | Floor plan 4th floor, residential utilization
Längsschnitt Gesamtensemble | Longitudinal section of the ensemble

Perspektive Osten | East view

**Verwaltungsgebäude der Vattenfall Europe Generation AG & Co. KG
und Vattenfall Europe Mining AG | Cottbus | Gutachterverfahren** **2002**

Der Name der Firma Vattenfall Europe AG wird – aufgrund ihres Kerngeschäfts der Energieversorgung auf Braunkohlebasis, verbunden mit den hohen Anforderungen an Umwelt- und Sozialverträglichkeit – mit den Werten Innovation und Tradition in Verbindung gebracht. Der Neubau des Verwaltungssitzes in der Lausitz soll dieser Gleichzeitigkeit zweier scheinbarer Gegensätze gestalterisch gerecht werden.

Im Entwurf kommt es zur Symbiose der Materialien Stein und Glas. Großflächige Fenster artikulieren Transparenz. Sie liegen teils bündig, teils leicht nach hinten versetzt in der klar rhythmisierten Fassade aus einem hellen, fast schimmernden Stein – ein Material, das Tradition und Solidität repräsentiert. Eine gestalterisch eindeutige Figur entsteht, die sich gegenüber der nachbarlichen Bebauung behauptet, zugleich aber auch einen städtebaulichen Ansatz verfolgt.

Gestalterisch eindeutig, d. h. in jeder Hinsicht zurückhaltend und dennoch deutlich: 15-geschossig an seiner höchsten Stelle, steigt der Baukörper empor und gibt hier der Kreuzung Dresdener/Hermann-Löns-Straße die notwendige räumliche Begrenzung. Mit seinen vier-, sechs- und siebengeschossigen Gebäudeteilen wiederum stellt der Baukörper unterschiedliche deutliche Bezüge zur Umgebung her. Entlang der Vom-Stein-Straße etwa orientiert sich ein siebengeschossiger «Flügel» zur Von-Schön-Straße und nimmt dabei deren Verlauf auf. Der Körper ist ein Kubus, aus dem Teile herausgelöst werden, sodass das Gebäude begehbar wird. Dieser Charakter des Körpers äußert sich in all seinen Facetten – es ist die Form des Rechtecks, die sich stetig wiederholt: im Baukörper als Ganzem, entsprechend in jeder Fassade, jeder Öffnung. Und gerade diese Wiederholung fördert das deutliche Hervortreten der einzelnen Elemente, beispielsweise der Orientierungen. Die Funktionalität der Architektur ist klar ablesbar. Sinnvolle Einfachheit – verknüpft mit der feinen Komposition der äußeren wie der inneren Räume – bestimmt den Entwurf.

**Headquarters Building for Vattenfall Europe Generation AG & Co. KG
and Vattenfall Europe Mining AG | Cottbus | Expert Assessment** **2002**

As a leading producer and supplier of energy from soft coal, and thus a company intensely interested in social and environmental issues, Vattenfall Europe AG is concerned with both innovation and tradition. The design of the new corporate headquarters building in the Lausitz region seeks to reconcile these two seemingly contradictory values.

The planned building exhibits a symbiosis of stone and glass. Large windows express transparency. They are placed flush or slightly recessed in the clearly structured façade of light, almost shimmering stone – a material that represents tradition and solidity. The structure exhibits a clearly configured design that stands out amongst the neighbouring buildings yet also conforms to the principles of sound urban planning – clearly configured in the sense that it demonstrates both clarity and consistent restraint. Rising to fifteen storeys at its highest point, the building provides the necessary spatial boundary to the intersection of Dresdener Straße and Hermann-Löns-Straße. At the same time, it forges different links with its surroundings with its four-, six- and seven-storey wings. Along Vom-Stein-Straße, a seven-storey wing is oriented toward Von-Schön-Straße and follows its course. The structure is a cube from which parts have been removed to provide for entry into the building. This character is expressed in all of its facets – the rectangular form that is repeated in the building as a whole and in every façade and opening. And it is precisely this repetition that promotes the clear definition of the individual elements, including the orientations, for example. The functional character of the architecture is evident. Meaningful simplicity – combined with the finely elaborated composition of exterior and interior spaces – is the dominant feature of the design.

Einzelbüro | Cellular office

Großraumbüro | Open-plan office

Verschneidung der Baukörper | Intersection of structures

Blick in die Lobby | View into the Lobby

Lageplan | Site plan

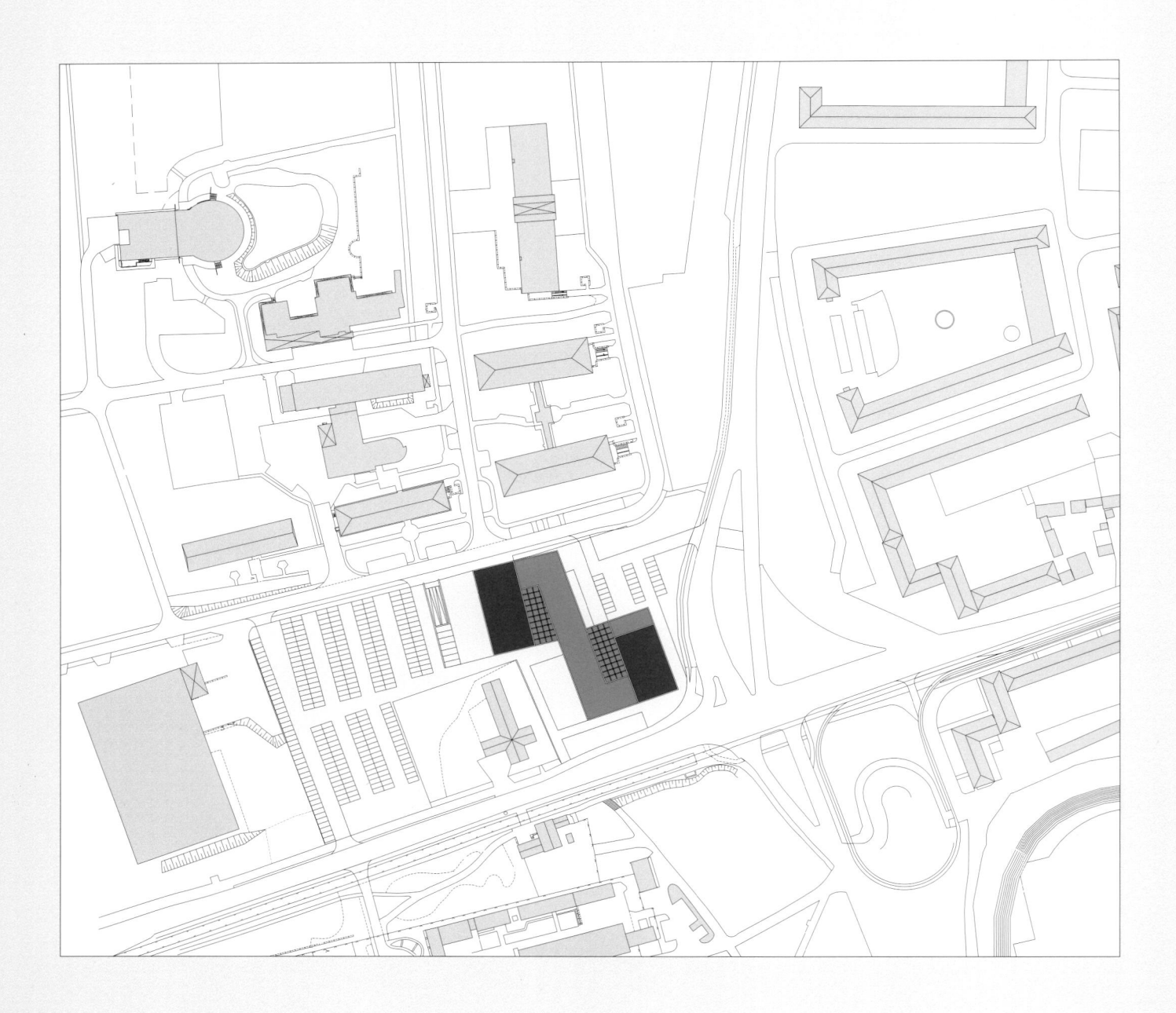

Schnittansicht | Sectional view

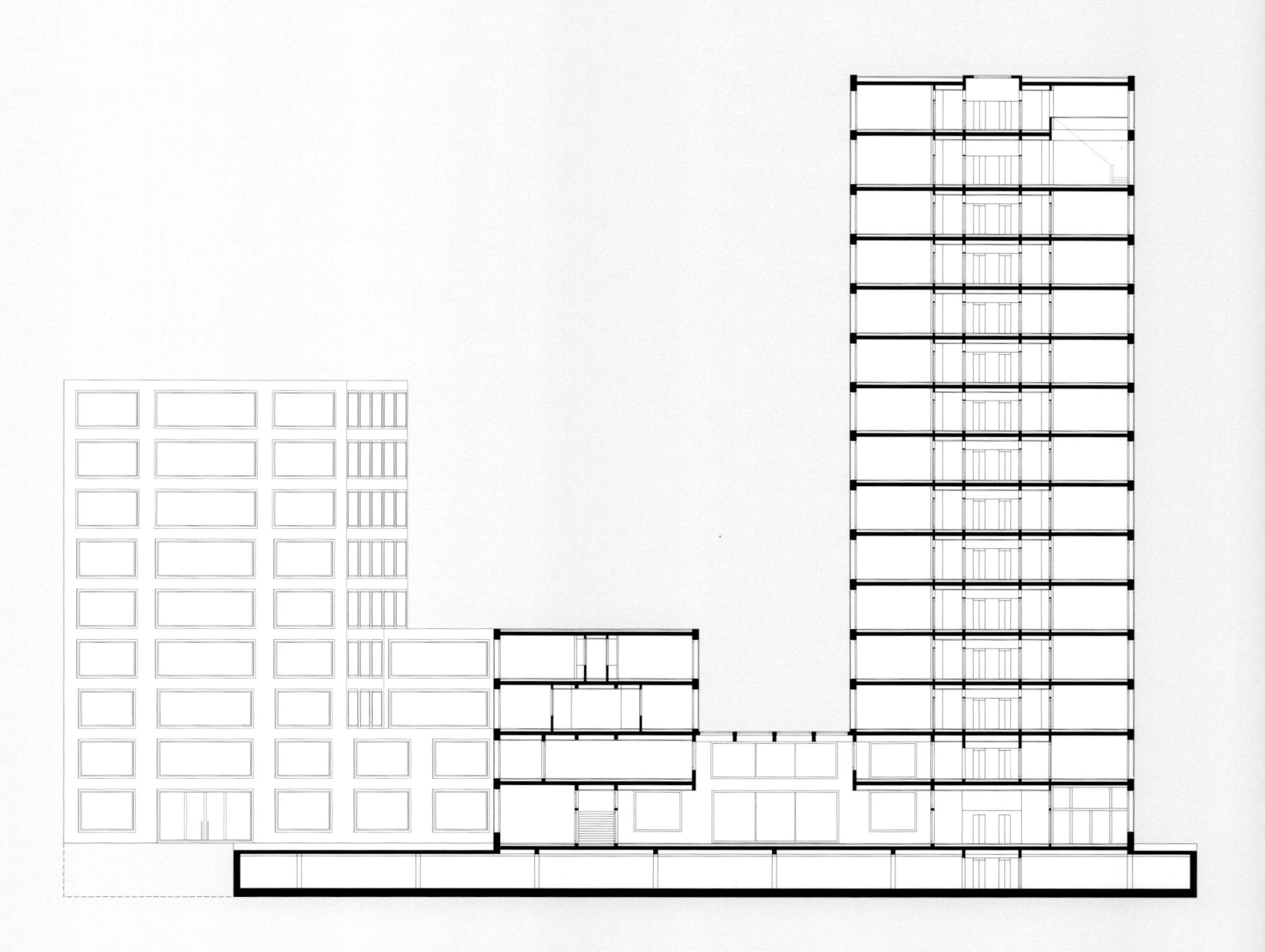

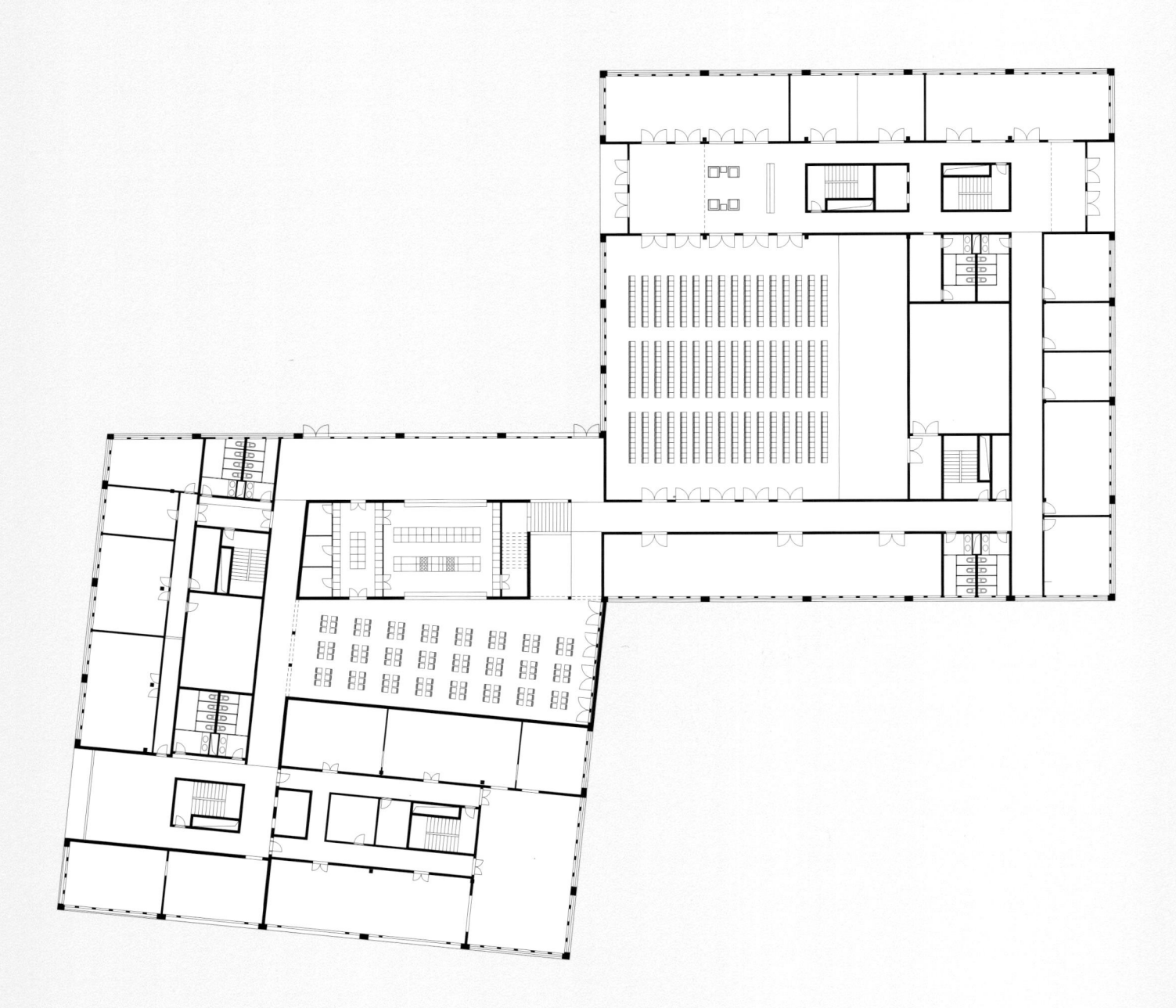

66　**Grundriss Erdgeschoss**　|　Floor plan ground floor

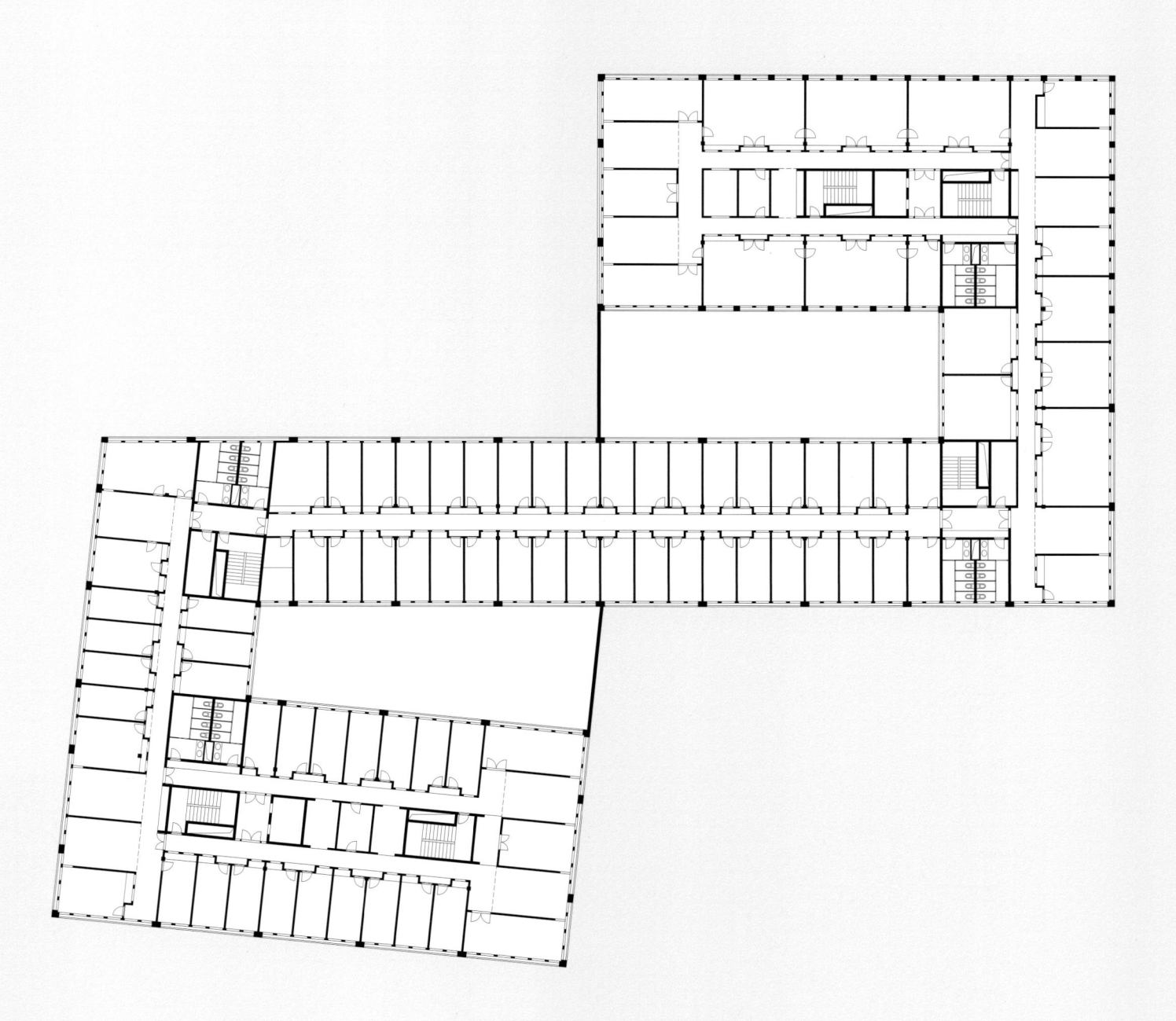

Grundriss Regelgeschoss | Floor plan standard floor

Ansicht Norden | North view

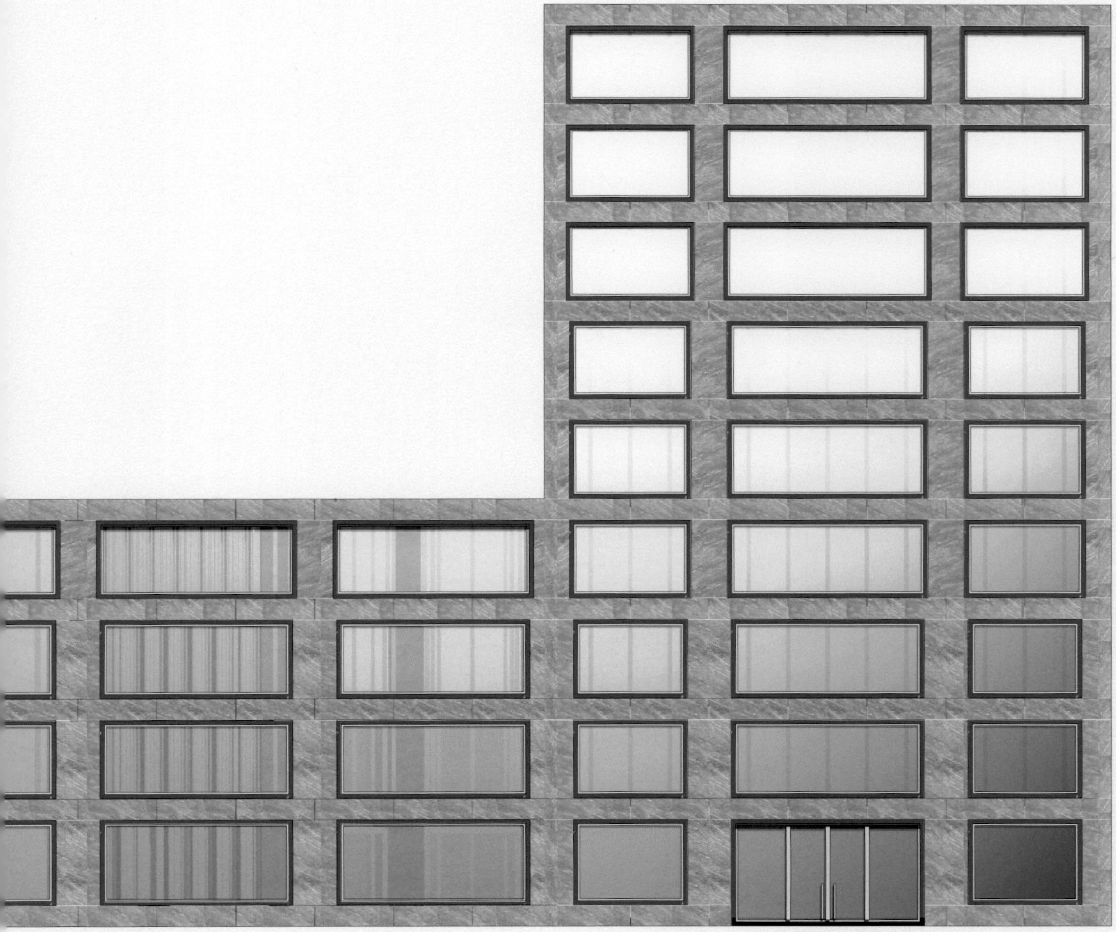

Perspektive hofseitig | View courtyard side

Abspannwerk Wilhelmsruh | Berlin | Gutachterverfahren   **2004**

Das bauhistorisch bedeutsame Abspannwerk Wilhelmsruh von Hans Heinrich Müller soll mit neuem Leben erfüllt werden. Ziel ist es, ein Gebäudeensemble zu schaffen, das seine Bezüge deutlich macht und zugleich als eigenständige Figur sowie mit skulpturaler Kraft inmitten des ehemaligen Niemandslandes ein Zeichen setzt für das «Weiterbauen» am historischen «Haus» sowie für den Stadtumbau allgemein. Dabei geht es um die Auseinandersetzung von Alt und Neu und eben nicht darum, das Alte zu tilgen. Hieraus resultieren die sich überlagernden Schichten des Gebäudes, die sein Alter durchschimmern lassen und Abgrenzungen akzentuieren. Durch den Um- und Neubau entsteht ein auch im Sinne des Denkmalschutzes verändertes, an die Erfordernisse der heutigen Zeit angepasstes Ganzes.

Die beiden neuen Baukörper komplettieren die bestehende Figur und schaffen Raum für zusätzliche Büroflächen. Grundsätzlich sollen sie die vorhandene Spiegelachse des Gebäudes aufnehmen und verstärken. Der Glasaufbau setzt als leuchtender, reiner Glaskubus weithin sichtbar einen Akzent, agiert als Bild für Energie, Licht und Wärme. Hier wird ein klarer Kontrast zum Altbau gesetzt. Das neue Gebäudeensemble nimmt Proportion, Material und Fassadengliederung des Abspannwerkes auf und formt im Dialog mit ihm eine geschlossene architektonische Skulptur.

Das alte Abspannwerk gliedert sich in vier Bauteile: das zentrale Wartengebäude, das westliche Schalthaus, die straßenseitige Phasenschieberhalle und die sich seitlich angliedernden Transformatorenhäuser. Beim Umbau dieser Bereiche zu Büros sollen die ursprüngliche Architektur und ihr Raumgefüge möglichst erhalten bleiben. Durch eingestellte Funktionskörper – die Treppenmöbel in der Phasenschieberhalle, die Cafeteria im Wartengebäude, die Servicepunkte in den einzelnen Etagen – wird ein «Raum-im-Raum»-Konzept verfolgt. Maßgabe ist, die ursprüngliche Struktur des Gebäudes nicht zu verdecken, ihm zugleich aber die Funktionalität eines modernen Bürogebäudes als neue Schicht hinzuzufügen.

Wilhelmsruh Step-down Transformer Station | Berlin | Expert Assessment   **2004**

The idea is to give new life to the Wilhelmsruh step-down transformer station, a historically significant edifice designed by Hans Heinrich Müller – thus to create a building ensemble which establishes relationships from itself and, at the same time, asserts itself with sculptural strength as a self-contained configuration. Amidst a former no-man's-land, it responds to the need to set the tone for "continuing construction" at the historical "house" and urban reconstruction in general. The objective is to reconcile the old and the new, and not to eradicate the old. The result is a building with overlapping layers that allow its age to show through while accentuating boundaries. A new whole is created, modified in the spirit of historical monument preservation, that meets the requirements of our time.

The two new building volumes complement the existing configuration and provide for additional office space. Basically, they take up and reinforce the axis of reflection of the original building. The glass top, a widely visible cube of pure, shining glass, acts as an image of energy, light and warmth, and articulates a clear contrast to the old building. The new building ensemble takes up proportion, material and façade structure of the transformer station. Together, they form a self-contained architectural sculpture.

The old step-down transformer station is composed of four building units: the watch house at the centre, the switching house to the west, the phase modifier hall facing the street, and the transformer cabins arranged sideways. The conversion of these parts into offices will not interfere with the original architecture and its floor plan. By virtue of placing functional elements (the step furniture in the phase modifier hall, the cafeteria in the watch house, the service points on the individual floors), a "room-in-room" concept is pursued. A condition to be fulfilled was to not conceal the original structure of the building while adding the range of functions of a modern office building as a new layer.

72 Nachtperspektive | Night view

Büronutzung | Office utilization

Blick in die Lobby | View into the lobby

Perspektive straßenseitig | Streetside view

Lageplan | Site plan

Querschnitte | Cross-sections 77

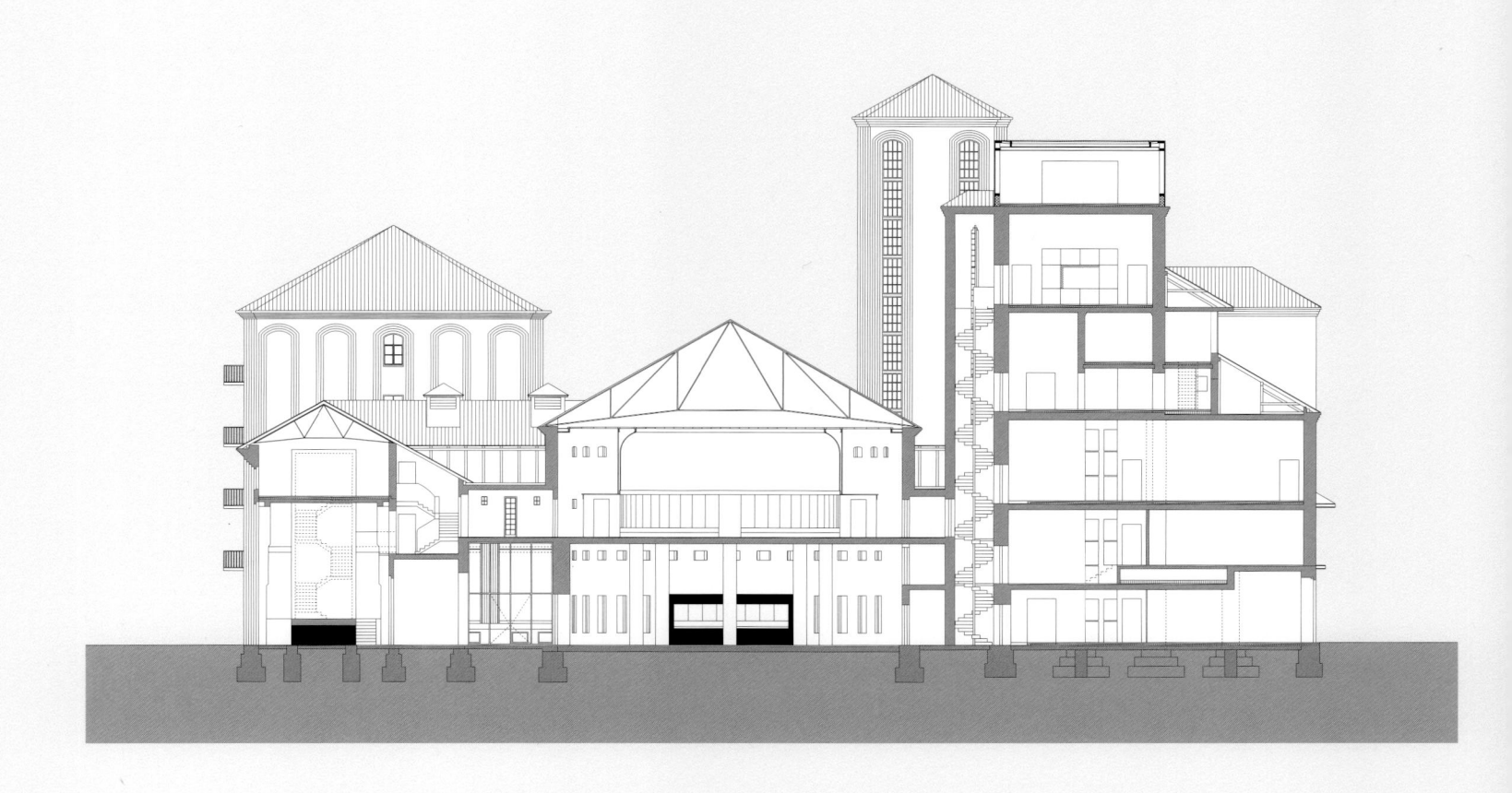

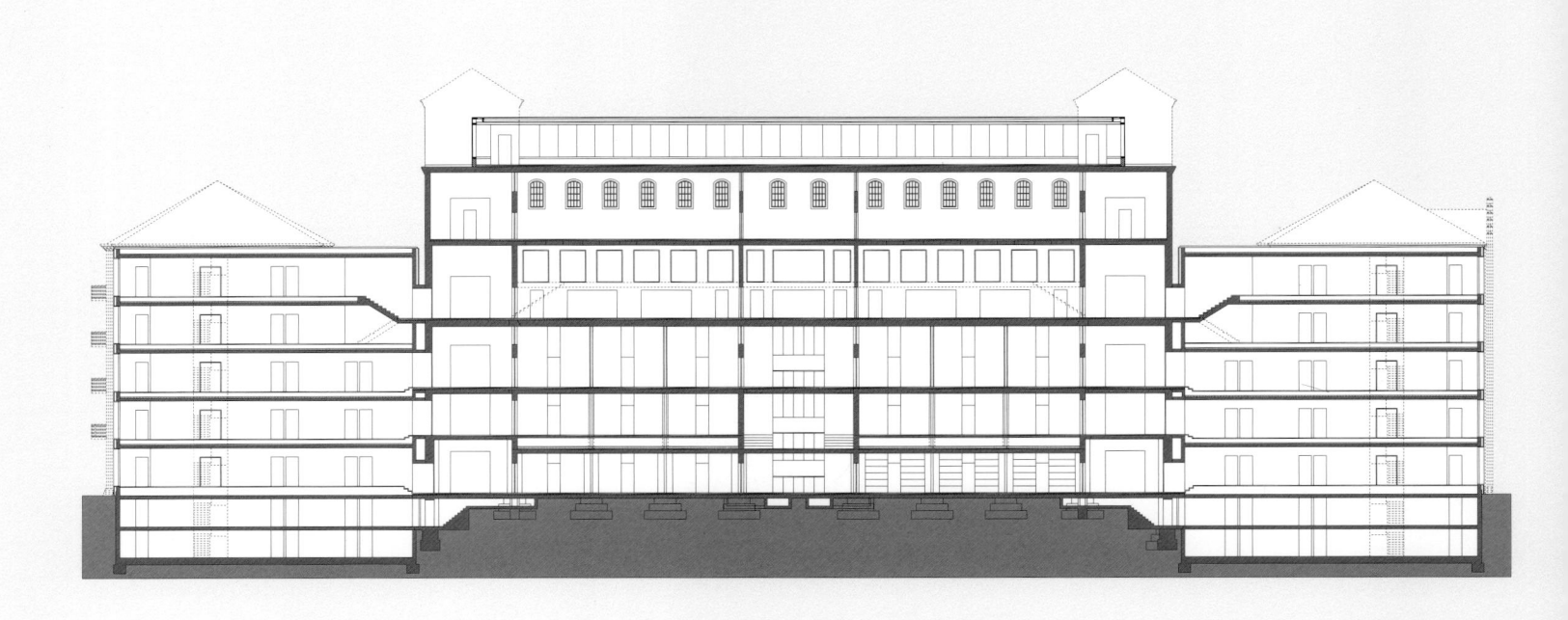

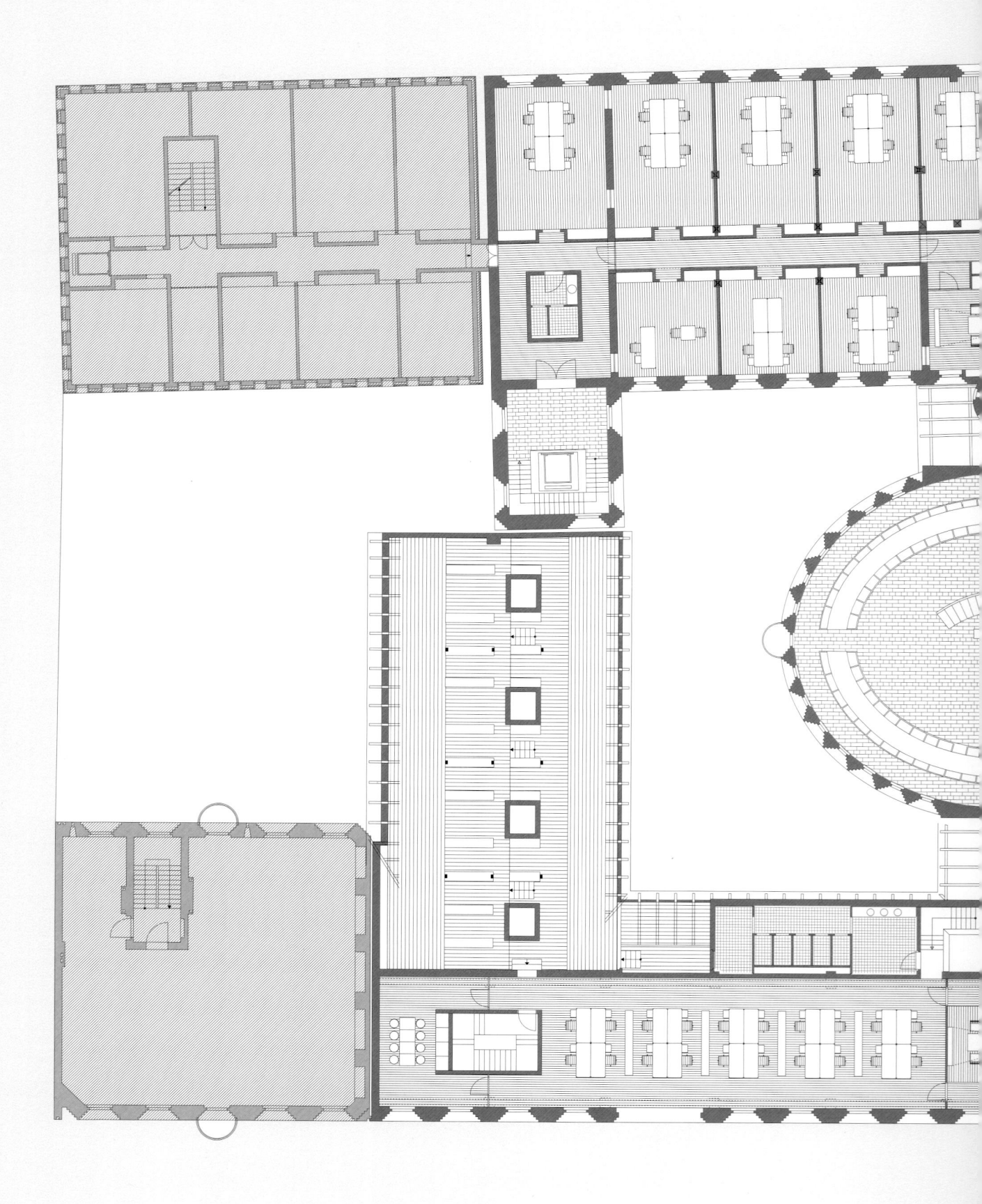

Grundriss Regelgeschoss | Floor plan upper floor

79

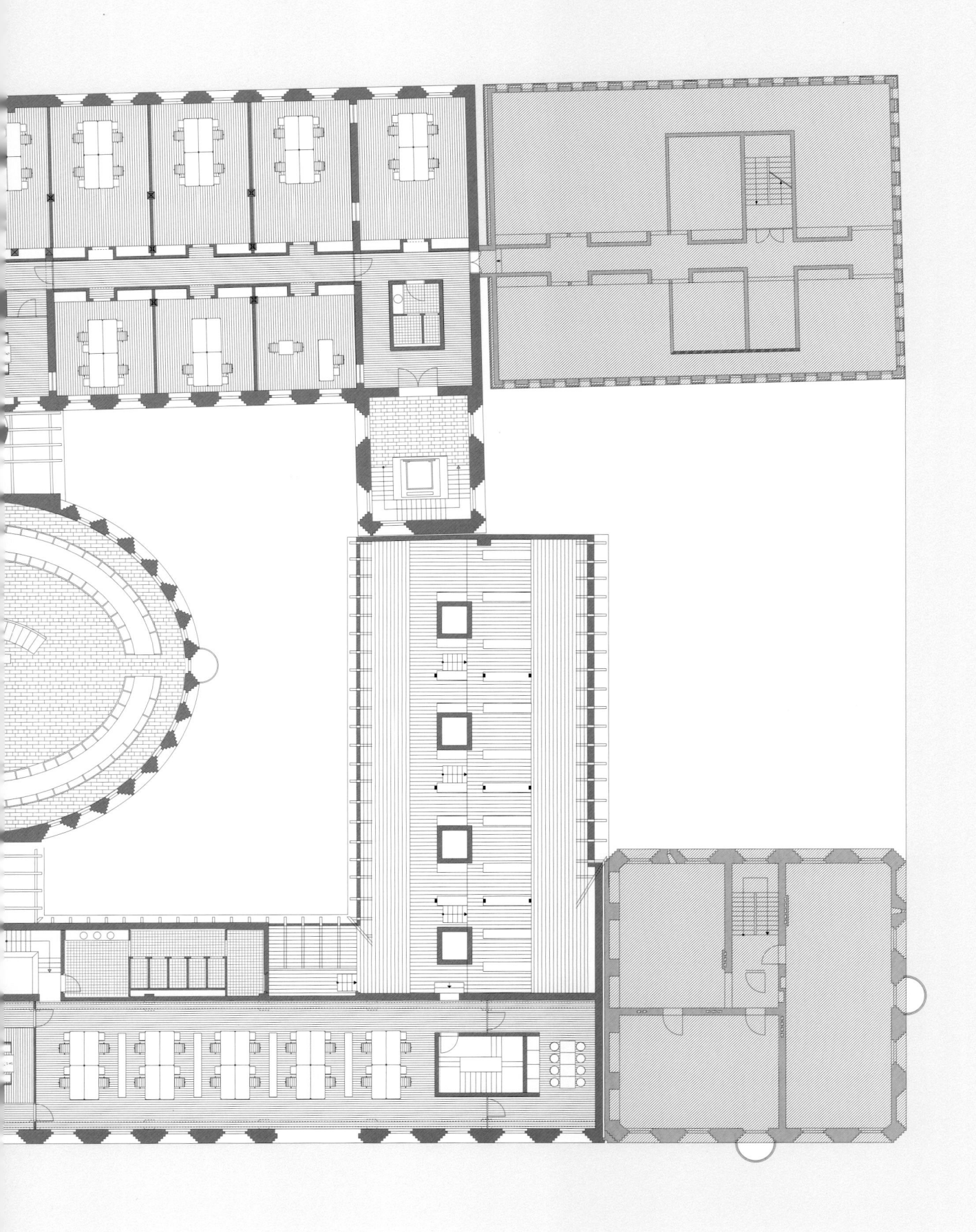

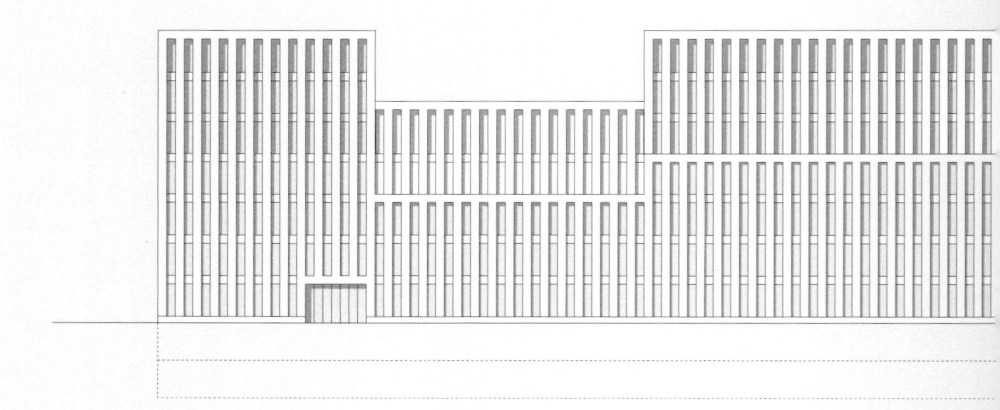

Ansichten mit Blockerweiterung, Proportionsstudie | View with block extension, study of proportions

81

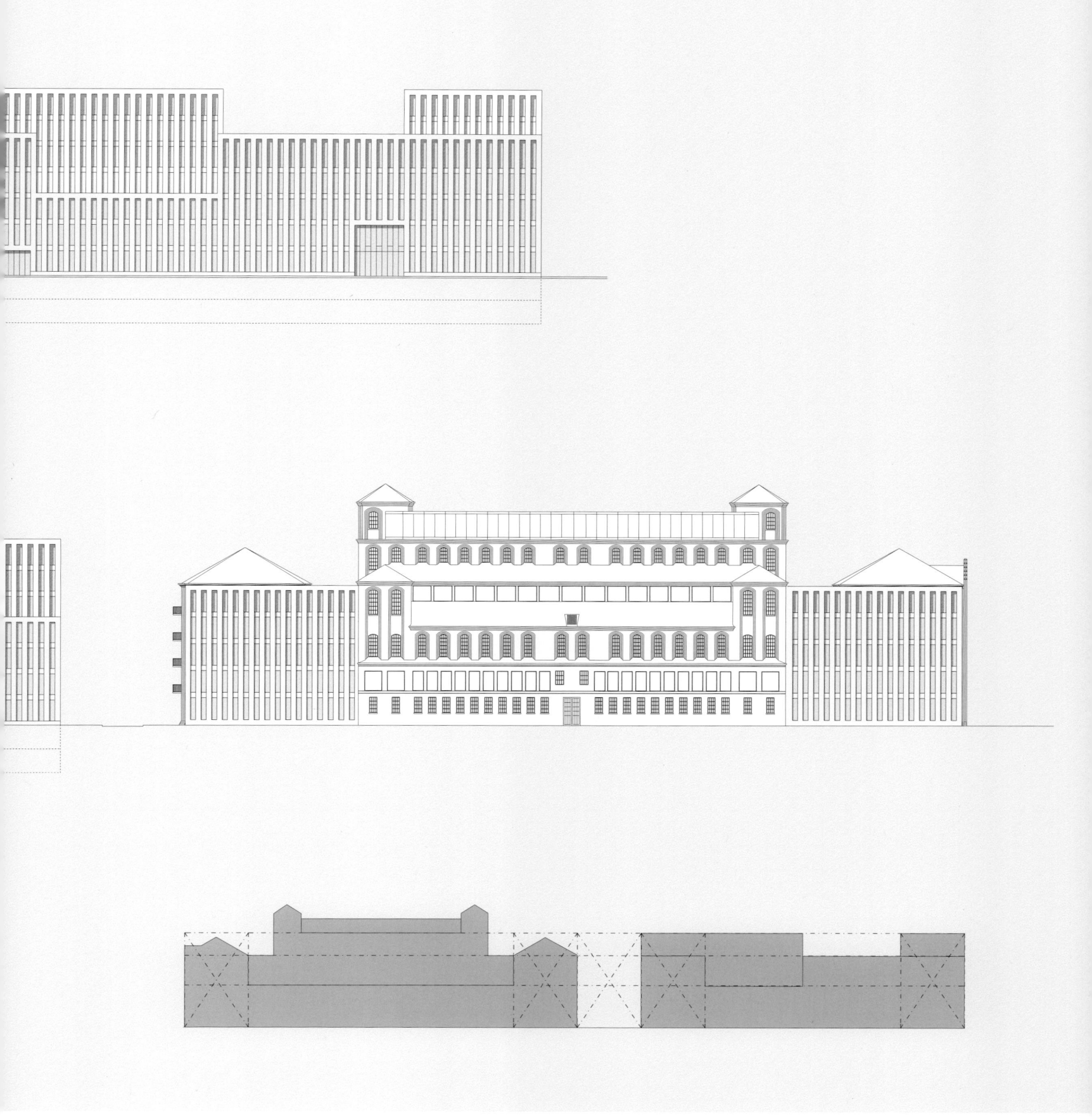

Projektdaten

Umspannwerk Lützowplatz | Berlin

Architekt	Max Dudler mit Karl Dudler
Mitarbeiter	Martin Langer
Standort	Lützowplatz, Berlin-Tiergarten
Bauherr	Berliner Kraft- und Licht (Bewag) Aktiengesellschaft
Zeitraum	1986–1989
Gebäudeinhalt	11 000 m^3
Baukosten	ca. Euro 4 000 000.–
Bauleitung	Bewag, Abteilung Hochbau
Haustechnik	Bewag
Fassade	Fassadenberatung: ATF, Frankfurt am Main
	Fassadentechnik: G + H Fassadentechnik GmbH, Ludwigshafen

Geschäfts- und Wohnhaus am Gendarmenmarkt | Berlin

Architekt	Max Dudler
Mitarbeiter	Projektleitung: Achim Grube
	Manfred Krug, Paul Holt-Seeland, Phil Peterson, Daniel Rebmann, Brigitta Weise
Standort/Adresse	Markgrafenstraße 35, 10117 Berlin-Mitte
Bauherr	Berliner Kraft- und Licht (Bewag) Aktiengesellschaft
Zeitraum	1994–1997
Geschossfläche	9000 m^2
Baukosten	Euro 15 300 000.–
Bauleitung	Wayss & Freytag AG
Fassade	Fassadenberatung: ATF, Frankfurt am Main, Hans Honig, Petar Reich, Martina Walpi
	Fassadenmaterial: Granit «Ebony Black»

Bebauung Zimmerstraße, Block 101 | Berlin

Nutzung	Flexible Gebäudekonzeption, Varianten für Büro- und Dienstleistungs-, Wohn- oder Hotelnutzung
Architekt	Max Dudler
Mitarbeiterin	Claudia Kruschel
Standort/Adresse	Zimmerstrasse 92–94, 10117 Berlin-Mitte
Bauherr	Vattenfall Europe Berlin AG & Co. KG
Zeitraum	seit 2000
Geschossfläche	16 950 m^2 / 45 Wohnungen
Gebäudeinhalt	87 000 m^3
Grundstücksfläche	4217 m^2

Verwaltungsgebäude der Vattenfall Europe Generation AG & Co. KG und Vattenfall Europe Mining AG | Cottbus

Architekt	Max Dudler
Mitarbeiterin	Claudia Kruschel
Standort	Cottbus, Lausitz
Zeitraum	Gutachten 2002

Abspannwerk Wilhelmsruh | Berlin

Projekt	Umbau eines ehemaligen Abspannwerkes in ein Bürohaus
Architekt	Max Dudler
Mitarbeiter	Projektleitung: Claudia Kruschel
	Wettbewerb: Alain Ettlin, Julia Dahlhaus, Jochen Soydan, Silke Meier zu Evenhausen
	Planung: Christof Berkenhoff, Alexander Bonte, Andreas Enge, Katharina Penner, Katja Wemhöner
Standort/Adresse	Kopenhagener Straße 83–89, 13407 Berlin-Pankow
Bauherr	Bewag AG & Co. KG, Vattenfall Europe Information Services GmbH
Zeitraum	Wettbewerb 2004, Planung bis voraussichtlich 2007
Geschossfläche	ca. 5600 m^2
Baukosten	ca. Euro 8 000 000.–

Project Data

Transformer Substation at Lützowplatz | Berlin

Architect	Max Dudler and Karl Dudler
Team	Martin Langer
Location	Lützowplatz, Berlin-Tiergarten
Client	Berliner Kraft- und Licht (Bewag) Aktiengesellschaft
Period of Performance	1986–1989
Building Volume	11 000 m^3
Building Costs	approx. Euro 4 000 000.–
Construction Management	Bewag, Building Construction Department
Building Services	Bewag
Façade	engineering consultant: ATF, Frankfurt am Main façade engineering: G+H Fassadentechnik GmbH, Ludwigshafen

Office and Residential Building at the Gendarmenmarkt | Berlin

Architect	Max Dudler
Team	project management: Achim Grube Manfred Krug, Paul Holt-Seeland, Phil Peterson, Daniel Rebmann, Brigitta Weise
Location/Address	Markgrafenstraße 35, 10117 Berlin-Mitte
Client	Berliner Kraft- und Licht (Bewag) Aktiengesellschaft
Period of Performance	1994–1997
Floor Area	9000 m^2
Building Costs	Euro 15 300 000.–
Construction Management	Wayss & Freytag AG
Façade	engineering conultant: ATF, Frankfurt am Main Hans Honig, Petar Reich, Martina Walpi building material: Granite «Ebony Black»

Building Development Zimmerstraße, Block 101 | Berlin

Occupancy	flexible conceptual design, alternative office, service, residential or hotel occupancy
Architect	Max Dudler
Team	Claudia Kruschel
Location/Address	Zimmerstrasse 92–94, 10117 Berlin-Mitte
Client	Vattenfall Europe Berlin AG & Co. KG
Period of Performance	since 2000
Floor Area	16 950 m^2 / 45 flats
Building Volume	87 000 m^3
Site Area	4217 m^2

Headquarters Building for Vattenfall Europe Generation AG & Co. KG and Vattenfall Europe Mining AG | Cottbus

Architect	Max Dudler
Team	Claudia Kruschel
Location	Cottbus, Lausatia
Period of Performance	expert assessment 2002

Step-Down Transformer Station Wilhelmsruh, Berlin

Project	conversion of a former step-down transformer station into an office building
Architect	Max Dudler
Team	project management: Claudia Kruschel competition: Alain Ettlin, Julia Dahlhaus, Jochen Soydan, Silke Meier zu Evenhausen planning: Christof Berkenhoff, Alexander Bonte, Andreas Enge, Katharina Penner, Katja Wemhöner
Location/Address	Kopenhagener Straße 83–89, 13407 Berlin
Client	Bewag AG & Co. KG, Vattenfall Europe Information Services GmbH
Period of Performance	competition 2004, planning until 2007
Floor Area	approx. 5600 m^2
Building Costs	approx. Euro 8 000 000.–

Bildnachweis | Credits

Akademie der Künste, Berlin, Max-Taut-Archiv, MTF-20-78, F.5,
Aufnahme: Otto Hagemann
Seite | Page 23

Archiv Vattenfall Europe Berlin
Seiten | Pages 6, 7, 8, 11, 12

Werner Huthmacher
Umschlag | Cover

Paul Kahlfeldt, Die Logik der Form.
Berliner Backsteinbauten von Hans Heinrich Müller, Berlin 2004
Seiten | Pages 16, 24

Hans Kollhoff
Seite | Page 47

Stefan Müller
Seiten | Pages 32, 40, 42, 43, 44, 46

Ivan Nemec
Seiten | Pages 34, 35, 45

Rendering Büro Max Dudler, Claudia Kruschel
Seiten | Pages 70, 72, 73, 74, 75

Rendering Büro Max Dudler, Ayshin Soydan
Seiten | Pages 52, 54, 55, 58, 60, 61, 62, 63